Zenshin

Zenshin

Lecciones de los países del Asia-Pacífico para Colombia

Rodrigo Villamizar A.
Juan Carlos Mondragón A.

GRUPO
EDITORIAL
norma

Barcelona, Bogotá, Buenos Aires, Caracas,
Guatemala, México, Miami, Panamá, Quito, San José,
San Juan, San Salvador, Santiago de Chile.

Primera reimpresión, 1995
Segunda reimpresión, 1995
Tercera reimpresión, 1996
Cuarta reimpresión, 1997
Impreso por Cargraphics, S. A. — Imprelibros
Impreso en Colombia — Printed in Colombia
Marzo, 1997

Dirección editorial, María del Mar Ravassa G.
Edición, Juan Fernando Esguerra y Lucrecia Monárez
Diseño de cubierta, Carmen Elisa Acosta

ISBN: 958-04-3067-5

Contenido

Nota sobre el título
y agradecimientos

Si alguna expresión sintetiza con justicia la característica de mayor repercusión en el desarrollo exitoso de la región del Asia-Pacífico, ella debe ser "esfuerzo continuo" o "mejora continua". De ahí que el título escogido para este libro sea *Zenshin*, palabra japonesa compuesta por los vocablos *zen* ('avance gradual hacia lo mejor') y *shin* ('desarrollo continuo'). También, en su momento, se pensó en otros términos bastante más trillados, como *kanban* ('justo a tiempo'), *kyoseki* ('simbiosis empresarial') o *guijutu* ('tecnología'). Ya concluido el libro, se sugirió otro nombre: *shakkei*, que significa 'incorporar a una cosa algo de afuera para mejorarla y realzarla'. Generalmente este término se utiliza en jardinería japonesa para significar la incorporación de elementos externos a fin de aumentar la belleza de un jardín. La idea fue derrotada por el embajador Arafune, maestro en caligrafía japonesa (al igual que su padre) y actual director general para América Latina de la cancillería japonesa. *Shakkei*, según su interpretación, es un término que no se ajusta al sentido más amplio que se le quería dar: el de 'transferencia de tecnología'. También se llegó a pensar en el término *kokusaika* ('internacionalización'); pero se descartó, por no reflejar con certeza otra de las características que han transformado la región: la globalización. Después de revisar y sustituir todas las opiniones y sugerencias, quedaron dos términos japoneses: *zenshin* y *kaizen*. Éste último proviene de *kai*, 'renovación', y *zen*, 'bueno', y se entendería como 'renovación constante'. Con ello también se captaba la esencia de lo que la tecnología, la productividad y la competitividad tienen en común. Pero existe una sutileza que hace inclinar la balanza en favor de *zenshin*. En el caso de *kaizen*, la mejora continua parte de un nivel avanzado; en el caso de *zenshin*, no es así. *Zenshin* es 'mejorar constantemente partiendo de cero'. Y eso es lo que más se aproxima al proceso vivido por los países asiáticos situados en las orillas del Pacífico. Con este título se le da doble significado al libro. Por una parte, se sintetiza la más importante característica contenida en la experiencia de desarrollo y cambio del Asia-Pacífico. Por otra, se sintetiza en un solo término la mayor enseñanza que pueden aprender los países que desean imitar el éxito sin precedentes de esta región. El hecho de ser japonés el vocablo escogido también tiene su explicación propia: entre todos los milagros, el milagro japonés merece todo el reconocimiento. Además, el Japón nos dio, con generosidad, la oportunidad única de poder estudiar su fascinante historia.

Comenzando por el título, pero igualmente por el contenido y las interpretaciones dadas al proceso histórico de los países incluidos, quiero expresar mi más profundo agradecimiento a un gran número de personas. Asako Ogawa y Juan Pablo Campos realizaron una exhaustiva investigación de vocablos japoneses para el título del libro. La selección finalmente hecha se debe a la completa documentación aportada por ellos dos.

Gratitud debo también al personal de la embajada de Colombia en Tokio, que tomó esta idea no sólo como un ejercicio académico agradable sino como una tarea merced a la cual se podrían transmitir las experiencias de un equipo sólido de trabajo en un país difícil, extraordinariamente complejo y pleno de enseñanzas. A Ricardo Duarte (cónsul en Tokio y ahora en Singapur), a Juan Pablo Campos (segundo secretario), a Héctor Arenas (segundo secretario) y a Luis Amadeo Hernández (segundo secretario), un especial reconocimiento y gratitud por sus comentarios, ayuda en información, sistematización de datos y gráficos y corrección de borradores. A Asako-san, gracias por su entusiasta colaboración en la transcripción de documentos, borradores y sugerencias. Su interés en la materia hizo de un trabajo duro y recargado una experiencia positiva y grata. Entre las numerosas personas consultadas debemos destacar, con el peligro de dejar a muchas sin mención, a Kiyohiko Arafune, director general para América Latina del Ministerio de Relaciones Exteriores del Japón; a Katsuhisa Yamada y Shoji Itoh, del Institute of Development Economies del MITI; a Eduardo Rodríguez y Lim Chin Beng, embajadores, respectivamente, de Chile y Singapur, durante su misión en Tokio; a Masatake Wada, catedrático de la Universidad de Teikyo y ex funcionario del MITI; a Takashi Kiuchi, del LTCB Research Institute; a Ken-ichi Yanagi, de la Asian Productivity Organization; a Tsuneaki Taniguchi, del Japan Productivity Center; a Makoto Kuwabara, consultor japonés y ex asesor del IFI; a Kiyoharu Matsui, ex director de la Mitsubishi Corporation y ahora profesor en Nagoya; al doctor Winston Liang, del Technological Center, de Hong Kong; a Raymond Chien, del Hong Kong Productivity Center; a Koh Juan Kiat y Winston Teow, del Singapore National Productivity Board; a Mah Lok Abdullah e Ismail Bin Adam, de la Malaysia National Productivity Corporation.

A Luis Guillermo Plata, director de la Oficina Comercial (Proexport) en Taipei; a Nora Olave-Shibusawa, directora de la Oficina Comercial (Proexport) en Tokio; a Eduardo Cárdenas, de Sumida-Mitsubishi en Tokio; a Ricardo Gutiérrez, de la Federación Nacional de Cafeteros en Tokio; a Armando Castaño, de la Flota Mercante Grancolombiana en Tokio; a Guillermo Plata y a otros muchos amigos y conocidos que siempre ofrecieron su generosa colaboración e información. Esperamos que tanta discusión y energía se reflejen con justicia en las páginas siguientes.

Vale anotar que el libro fue escrito en su totalidad en el Japón. Por ello en los primeros borradores se utilizaban, inconscientemente, los adverbios *acá* (el Japón y Asia), y *allá* (América Latina y el resto de los países). Esta diferenciación fue suprimida, pero el lector debe mantener en mente que la visión expresada es tal y como se observa desde estos lejanos países.

La esencia última de este libro está reflejada nítidamente en la historia de un gráfico: el gráfico 1 (véase página 3). Después de muchas discusiones y preparación de notas, los autores acordamos que sin una ilustración visual de lo que ha sido el proceso de desarrollo de los países del A-P, o lo que aquí llamamos el "modelo asiático de desarrollo", no era posible transmitir una verdadera descripción del fenómeno ni sustraer enseñanzas. Faltaba lo más crítico, la representación o expresión visual de la conceptualización del proceso, del encadenamiento de los elementos básicos del desarrollo asiático: la tecnología, la productividad y la competitividad (T-P-C). Una vez elaborado el gráfico 1 (que ahora parece tan sencillo, trivial y simple) lo demás fue fácil y divertido. Este libro, por lo tanto, ofrece en forma esquemática y sin pretensiones teóricas un nuevo marco de análisis conceptual para estudiar el desarrollo económico de los países, resumido, en últimas, en el gráfico 1. Allí se encierra todo un programa de desarrollo económico y crecimiento exportador.

Para terminar, algo acerca del coautor de este libro, sobre quien recayó gran parte del trabajo de discusión, recopilación, análisis y corrección de borradores. Juan Carlos Mondragón cumplió la tarea de recopilar y escribir buena parte de lo que se incluye como experiencia de los países. Encargado de los asuntos económicos de nuestra embajada, se ha beneficiado tanto de sus estudios de posgrado en el Canadá y el Japón como de su experiencia y pasión por Asia. Finalmente quiero agradecer muy especialmente a la economista Jane Fraser, quien nos ayudó a escribir el capítulo sobre Taiwán. Jane ha sido por varios años investigadora económica en Suiza y ha participado con nosotros en esta hermosa experiencia de analizar el éxito económico del grupo de países del Asia-Pacífico. A ambos, por su dedicación, crítica y espíritu de mejora permanente, mi profundo reconocimiento, al igual que la satisfacción de compartir los aciertos y los errores que resulten de este trabajo.

Por mi parte, este ejercicio fue como haber tomado un seminario avanzado en el sitio preciso y en el momento preciso. Todo lo realizado fue grato, interesante y muy formativo. Espero que también lo sea para quienes pacientemente lo sigan hasta el final.

RODRIGO VILLAMIZAR ALVARGONZÁLEZ
Embajador extraordinario y plenipotenciario
de la República de Colombia ante el gobierno del Japón

Prólogo

Cuando Rodrigo Villamizar me pidió que leyera *Zenshin*, escrito durante su misión diplomática en Tokio, no creí que iba a terminarlo antes de posesionarme como presidente de los colombianos. Lo logré por ser un libro de fácil lectura pero, sobre todo, por tratar temas con los cuales estoy profundamente comprometido: los de la tecnología, la productividad y la competitividad. Creo que puedo reclamar cierta paternidad intelectual en el tratamiento de estos temas, pues en las dos oportunidades que tuve de visitar el Japón como funcionario del gobierno colombiano y como admirador de la cultura (y de la gastronomía) oriental, recomendé al equipo dirigido por Villamizar los temas de ciencia, tecnología y competitividad como los de mayor vigencia para nuestro país. Estando en el centro de la actividad económica y tecnológica del Asia, que es el Japón, un grupo humano con inquietudes y deseos de servirle a Colombia no podía encontrar mejor manera de hacerlo que estudiando y entendiendo cómo se llevó a cabo lo que hoy se denomina, en la literatura del desarrollo, el "milagro del Asia-Pacífico". Ese "modelo" que han internacionalizado personas de gran estatura académica y política como Lee Kuan Yew, de Singapur, Yashuhiro Nakasone, del Japón, y Mohamad Mahathir, de Malasia, es oportuno conocerlo en Colombia, para adaptar los elementos exitosos y evitar los errores cometidos.

Con base en la experiencia industrial y tecnológica de los países del Asia Oriental y en las nuevas realidades mundiales, debemos adaptar un paradigma de desarrollo industrial y tecnológico que nos permita elaborar una serie de decisiones de política y consideraciones tecnológicas para que Colombia se prepare, en estas dos áreas, para el siglo XXI y finalmente pueda convertirse en un país desarrollado.

El objetivo último es plantear un nuevo modelo de transferencia de tecnología y productividad que Colombia debe desarrollar en los próximos años.

Soy consciente de que cada experiencia de desarrollo económico tiene características y momentos históricos específicos, y de que la copia de modelos de desarrollo ha traído resultados generalmente no muy satisfactorios. Sin embargo, creo que países como el nuestro tienen mucho que aprender de las experiencias de los países del Asia-Pacífico, si se analizan críticamente, especialmente ahora que Colombia ha decidido modernizar su aparato productivo de tal forma que pueda insertarse en el sistema económico internacional y asumir con éxito el reto de la globalización.

Aun en los momentos más álgidos del debate interno sobre la apertura, siempre recordé, desde el Ministerio de Desarrollo, que los países exitosos de Asia habían realizado su apertura para exportar y no tanto para importar. Igual sucede con aspectos tan críticos como los que trata *Zenshin* en cuanto al papel del estado, la capacitación de recursos humanos, los planes de largo plazo de tecnología y productividad, el papel de la pequeña y mediana industria y la creación de ventajas competitivas. Leyendo estos conceptos en *Zenshin*, se experimenta una rara sensación. Tal como debe haber ocurrido con la geología de la mayoría de las islas del Asia-Pacífico, que brotan violentamente y con fuerza reprimida, producto de erupciones volcánicas en el fondo del océano, va surgiendo un modelo que caracteriza y distingue al modelo asiático del resto de modelos de desarrollo conocidos. No cabe la menor duda de que, en una época en la cual buena parte de la discusión se ha centrado en la búsqueda de modelos exitosos, y en la principal explicación de que lo sucedido en Asia obedece menos a un milagro que a políticas racionales y consistentes, este libro llega a la conclusión de que sí existe un modelo asiático, en el cual se combinan elementos comunes de las economías de mercado pero mezclados en forma diferente y con una dirección y una dinámica particulares. Pero ésa es sólo una de las múltiples e inquietantes enseñanzas de *Zenshin*.

La evolución del proceso que culminó con *Zenshin* y se inició con un documento de trabajo y una presentación en Tokio en el otoño de 1993, ha tenido desarrollos sorprendentes. Cuando leí el primer manuscrito, mi primera recomendación fue que la redacción de vivencias y anécdotas no se hiciera en primera persona del singular. Villamizar la acató y ello, solamente, ¡fue la razón para que el volumen de páginas disminuyera en casi un 20 por ciento! Además, el primer manuscrito tenía tanta cifra, tanta tabla y tantas y tan largas explicaciones que, con franqueza, le dije a Villamizar que no se desprendía del libro si él era o no un buen escritor, sino que para leer este libro se necesitaba ser demasiado lector. En fin de cuentas, y en un momento muy oportuno, tenemos ya un libro valioso y práctico, reducido y fácil de leer. Tanto el sector privado como el sector público se podrán beneficiar de él y de sus enseñanzas. Además, es el mejor libro que colombiano alguno haya escrito sobre productividad y competitividad en el Asia-Pacífico... y el único.

Ernesto Samper Pizano
Presidente de la República de Colombia

Introducción

Los tres fenómenos más sobresalientes de la segunda mitad del siglo XX han sido: la caída del comunismo, los avances tecnológicos en electrónica y comunicaciones y la configuración de toda una región como nueva potencia económica. Esta región, el Asia-Pacífico (de aquí en adelante, A-P), formada por diez países del este y del sudeste asiáticos (Japón, China, Corea del Sur, Taiwán, Hong Kong, Singapur, Tailandia, Malasia, Indonesia y Filipinas), representaba en 1960 el cuatro por ciento de la riqueza mundial. Para fines del presente decenio representará cerca del 33 por ciento. Además, en estos diez países se concentra casi la mitad de la población del mundo (véase mapa 1, página XVIII).

Lo que ha sucedido en el A-P no es un milagro. Es el resultado lógico de la combinación de tres factores: tecnología, productividad y competitividad. Sin embargo, para pasar de tener el cuatro por ciento de la riqueza mundial a ser dueño de una tercera parte de ella en sólo cuarenta años, la combinación de estos factores no ha sido fácil ni sin traumas. Tal como los seguidores de Buda y Confucio repiten con frecuencia, "sin trabajo nada se obtiene"[1], pero los factores religiosos, étnicos, políticos o culturales no son suficientemente satisfactorios para explicar este fenómeno económico sin precedentes. Existen, en cambio, razones y explicaciones puramente económicas que nos ayudan a entender y extrapolar las experiencias y enseñanzas que ha vivido el A-P durante los últimos cuarenta años.

Lo que los autores del presente libro nos hemos propuesto

---

[1] "Sin trabajo nada se obtiene" es un precepto tradicional de las filosofías confuciana, budista y taoísta de gran aceptación en el Oriente.

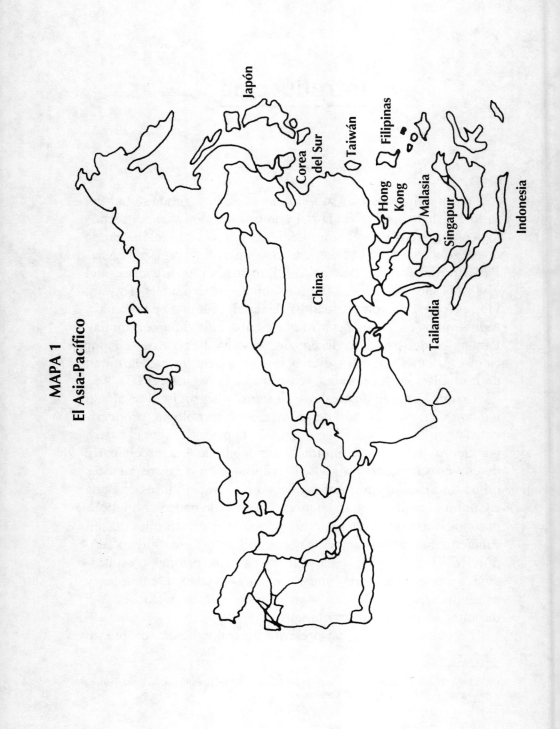

MAPA 1
El Asia-Pacífico

Japón

Corea del Sur

Taiwán

Filipinas

Hong Kong

Malasia

Singapur

China

Tailandia

Indonesia

realizar no es un descubrimiento de factores ocultos que expliquen este fenómeno, sino simplemente hacer un relato y ver cuáles son sus aplicaciones. Se trata de contar lo vivido y conocido durante un período de treinta meses, en y desde el Japón, sobre los países del A-P. Por ello nuestro objetivo central es simplemente narrar las enseñanzas que el *modelo de desarrollo* de esta región del mundo puede aportar a algunos países en vías de transformación[2].

El *modelo asiático* no tiene variables diferentes de las de los modelos occidentales. Las categorías y los elementos básicos son los mismos. Es en su aplicación y en la combinación de factores en donde sí aparecen diferencias abismales. De hecho, el modelo asiático incorpora los factores básicos de cualquier modelo de desarrollo capitalista: presencia, en los mercados, de fuerzas que determinan precios y cantidades ofrecidas; participación del Estado en la economía; orientación de la economía hacia mercados internos y externos; importancia de la formación de recursos humanos y del desarrollo o transferencia de tecnologías; explotación de recursos propios o creación de ventajas para la competencia internacional; distribución de la producción en sectores de diferentes niveles de desarrollo, etc. Lo distinto en el *modelo asiático* es la combinación de estos factores y el énfasis puesto en cada uno de ellos, no la presencia de nuevas categorías o elementos. Sorprende además, a quienes analizamos su evolución durante un buen tiempo, el permanente esfuerzo por mejorar los propios resultados y por obtener mayores niveles de calidad, eficiencia y competitividad. De ahí el título escogido para este libro: *Zenshin*, que significa 'mejora continua'. Es la esencia de una actitud que transfiere lo mejor de otros y lo hace propio, *cotidianizándolo*, para convertirlo finalmente en parte de su propia realidad. *Zenshin*, por lo tanto, es el elemento que incorpora e integra los conceptos de tecnología, productividad y competitividad. Como parte integral

---

[2] Hemos acordado usar el término *países en vías de transformación* para designar no sólo a los países en vías de desarrollo sino, especialmente, a aquéllos que actualmente hacen esfuerzos por encontrar un modelo de crecimiento adecuado y que muestran ya indicios de tasas de crecimiento positivas estables.

de lo anterior, la incorporación permanente de conocimiento, calidad y mejoramiento continuo aparecerá a lo largo de todo el libro como la gran lección del modelo de desarrollo económico consolidado en el A-P.

A los tres conceptos de *tecnología, productividad y competitividad*, y a su papel decisivo en el desarrollo de la región del A-P, dedicamos el capítulo I. En el capítulo II se da una visión del fenómeno de la *globalización* que enmarca lo que será la economía mundial en el futuro, fenómeno para el cual el A-P viene preparándose desde hace cuatro decenios. La forma como otros países entiendan la globalización y la forma como participen en ella determinará —sin lugar a dudas— el destino futuro de sus economías.

El capítulo III relata lo que pasó (económicamente hablando) en el A-P y por qué esta región es actualmente el foco de atención universal. Se pone especial énfasis en las características que hicieron del modelo asiático un modelo exitoso. Los capítulos IV a VIII muestran las características más sobresalientes de ese modelo, ilustrando cada una de ellas a través de la experiencia en un país determinado. Aunque existen muchas otras características que han sido identificadas como causas del éxito de los países del este y del sudeste asiáticos, decidimos concentrarnos en las cinco que ofrecen el mayor potencial de aprendizaje. Así mismo, y con el fin de no tratar cada uno de estos temas en forma abstracta, general o aludiendo a muchos países, encontramos que lo más apropiado era presentar cada una de ellas a través de la experiencia del país de la región que —a juicio nuestro— haya tenido más éxito en su aplicación: *Japón*, por el papel del Estado en la política industrial; *Malasia*, por la generación de nuevas ventajas competitivas —inexistentes hace un decenio—, a costa de abandonar ciertas ventajas comparativas[3] existentes; *Corea del Sur*, por la creación de una infraestructura institucional que es

---

[3] Aquí distinguimos entre *ventajas competitivas* y *ventajas comparativas*. Las primeras son aquéllas derivadas de la posición favorable del país por su infraestructura física y humana, lo mismo que por su nivel de eficiencia, absorción de tecnología y *"management"*. El segundo término, acuñado desde el siglo pasado por los economistas clásicos, se refiere, fundamentalmente, a

modelo reconocido de planeación y política tecnológica; *Singapur*, por el desarrollo sin precedentes de un sistema de formación y capacitación de recursos humanos altamente competitivos; y *Taiwán*, por el éxito de su modelo exportador basado en pequeñas y medianas empresas. De estos cinco capítulos van surgiendo las lecciones aprendidas en el A-P y por aprender en los países en vías de desarrollo y particularmente en América Latina. De los ocho capítulos se derivan quince *lecciones* básicas que se resumen en el capítulo IX. El capítulo X contiene una serie de reflexiones que colocan lo aprendido de la experiencia del A-P en un contexto asimilable para los países en vías de transformación. Aunque hemos querido limitar al máximo las estadísticas, se incorporan al texto las más necesarias e ilustrativas, en forma de tablas y gráficos. También hemos incorporado unos pocos recuadros, o explicaciones complementarias breves, para mayor claridad del lector, sin desviar su atención del hilo principal de cada tema.

Dado que existen innumerables libros y tratados sobre cada uno de los *milagros económicos* del este y del sudeste asiáticos, de los *tigres de Asia*, de los *dragones del sudeste asiático*, este libro NO pretende unirse a tan numerosa familia.

Los países del A-P lograron dos cosas fundamentales: consenso social y voluntad colectiva. Consenso para decidir que algún día serán países desarrollados. Y voluntad para vincular a la sociedad en el proceso y hacer partícipe de las ganancias a toda la población. Por esa razón —contrariamente a lo que muchos dicen— nosotros sostenemos que lo sucedido en el A-P *no es un milagro*. Por el contrario: es el resultado lógico y explicable de lo que se puede obtener... si se decide a tiempo. De milagro tiene muy poco; de meritorio, muchísimo.

Con el triunfo de la economía de mercado como el mejor sistema económico conocido hasta el presente, con la disminución

---

la existencia de recursos naturales o a las ventajas asociadas a la producción de algún producto en particular. La diferencia podría resumirse diciendo que las primeras se crean, mientras que las segundas se tienen o no se tienen. Las primeras dependen de la capacidad, de la habilidad de cada país; de la suerte con que cuenta el país en su geografía, ubicación y recursos naturales.

de las tensiones político-militares generadas por la guerra fría y con el acelerado paso de la economía mundial hacia la globalización, lo que muy seguramente determinará el futuro más cercano de la humanidad será lo *económico* y no lo ideológico o lo político. En este contexto, la experiencia de los países del A-P se hace aún más importante, en la medida que ilustra la posibilidad real de que todos los países, grandes y pequeños, con recursos o sin ellos, puedan aspirar a ser países desarrollados. Un mundo globalizado se comporta como la fábula oriental de las dos plantas, según la cual juntando dos plantas que crecen por separado se incrementan su crecimiento y su belleza. Es decir, la integración incrementa las opciones de crecimiento. Los mercados globalizados, al igual que las plantas de la mencionada fábula, no son de suma cero: unos no crecen a costa de otros, sino que todos pueden ganar y complementarse. Por eso se dice que en este nuevo contexto —al cual todavía muchos países no logran asimilarse apropiadamente— uno más uno es más que dos.

Aunque la receta que aplicó el A-P parece sencilla, su "cocción" y su ejecución lo fueron menos. Esta receta pone énfasis, sobre todo, en lo económico y en que la internacionalización por sí sola no basta. ¡Hay que globalizarse! No hay alternativa. El nuevo campo de batalla es la economía mundial: allí se librará una lucha inclemente por desarrollar *rápida y permanentemente* mejores productos para la industria, el comercio y los servicios. Para ello, si se quiere ser partícipe del mundo económico del futuro, hay que aumentar "velocidades" sin descanso ni interrupción. Para impulsar y motivar un nuevo país se necesita crear una nueva cultura forjada en la globalización y en la tecnología. Se requiere crear economías de producción pero, sobre todo, de producción orientada hacia los mercados internacionales, como se hace en Asia. Estos países, que son diferentes en raza, lengua, religión, civilización y cultura, han asimilado dos vocablos universales, *productividad* y *competitividad*, que no requieren traducción en sus diferentes contextos socioeconómicos. Todos los países del A-P los entienden perfectamente y los han incorporado a su vida cotidiana. La realidad clara y simple es que Asia se globalizó y que los países que aún no lo han hecho, tales como Vietnam, Laos, Camboya, Myanmar (la antigua Birmania), la India y buena parte de la China, están efectuando un acelerado esfuerzo por lograrlo. Son sólo verdaderos países en vías de transformación. Los del A-P ya superaron tal categoría. Aunque muchos países, como los latinoamericanos, dan pasos para abrirse a los mercados internacionales, todavía falta mucho para internacionalizarse... Y de globalizarse, ¡ni hablar! Para ello se requiere otra clase de aperturas, especialmente apertura mental. Ante esta perspectiva, a los países de América Latina les falta mucho para incorporar a su quehacer cotidiano conceptos como transferencia de tecnología, producción permanentemente competitiva de productos de exportación, creación de nuevas ventajas competitivas y producción con mayor productividad. Ésta última, sin embargo, debe estar fundamentada en el significado asiático del término *productividad*, que incluye también calidad, eficiencia, diseño óptimo, capacidad gerencial, *"management"* y trabajo en grupo con clientes y proveedores. Eso es finalmente lo que se requiere para entrar en serio en la era del Pacífico, una era que todavía no ha empezado para nuestros países en vías de desarrollo, pero que ya lleva más de tres decenios en Asia.

No queremos exagerar y llegar a la conclusión de que el A-P hará de Occidente algo obsoleto y retrasado. No. Pero sí queremos enfatizar que el A-P, con el Japón a la cabeza, es la nueva frontera y el centro más dinámico de oportunidades en el mundo. Después de muchos decenios de subyugación por Holanda (Indonesia), Inglaterra (Singapur, Malasia), Francia (Papua, Nueva Guinea, Vietnam) y los Estados Unidos (Filipinas), los asiáticos se están reafirmando en terrenos que tradicionalmente han sido de dominio estadounidense, inglés o alemán: innovación tecnológica, producción industrial y mercadeo masivo. No es accidental que entre estos países haya líderes mundiales en la producción de microchips, circuitos integrados, telecomunicaciones, automóviles, semiconductores, computadores, nuevos materiales, astilleros y refinerías. Tampoco que la ruta aérea más utilizada en la actualidad sea la de Seattle-Tokio, que el tráfico aéreo entre el

A-P y América del Norte crezca en un 12% cada año y que la región posea los nueve bancos más grandes del mundo. Tal vez muchos no sepan que en el A-P se encuentran los dos lugares con el mayor tráfico de transporte en el mundo: el estrecho de Malaca (Singapur) y el estrecho de Tsushima (Japón); que de los diez puertos de contenedores con mayor movimiento, seis están en el A-P; y que el 60% de los barcos del mundo se construyen en el A-P.

Quienes inicialmente detectaron el potencial de Asia y lo convirtieron en su obsesión comercial, el uno, y evangelizadora, el otro, fueron Marco Polo y Francisco Javier; el primero, navegante y aventurero; el segundo, el "apóstol del Oriente". El primero conectó el Lejano Oriente con el Occidente, utilizando la ruta de la seda. Por allí se llevaron a Europa la pólvora, la seda, las especias y los fideos. El segundo viajó por toda Asia continental, el Japón y el Pacífico sur. Hoy, algunos siglos más tarde, son los empresarios quienes tienen que proyectarse como conquistadores comerciales o nuevos apóstoles de los mercados internacionales.

Este libro recoge ideas que demuestran que la combinación del *sprit d'enterprise* y las oportunidades de un mundo cambiante y dinámico hacen el éxito de los países. Ambas características existen en América Latina, en el Oriente Medio y en África. Cada una de estas regiones posee, además, su propia fortaleza empresarial y una situación estratégica en un contexto global lleno de oportunidades. Lo que no sabemos es cuál de ellas aprovechará sus ventajas y, como dice Peter Drucker en *Innovación y Empresariado*, cuál las capitalice en circunstancias de cambio permanente, aunque esto cueste dolor y fracasos. En este contexto los fracasos no sólo son comunes sino un prerrequisito para el éxito. Aun en países ya consolidados, como el Japón, se presentan mensualmente más de 1 200 quiebras de empresas de todo tamaño. En los Estados Unidos se crearon 707 000 nuevas empresas entre 1989 y 1993; de ellas, 86 000 fracasaron. Sin embargo, mientras las grandes empresas (las 500 de *Fortune)* perdieron un millón de empleos, otras nuevas pequeñas y medianas empresas crearon 4.5 millones de nuevos empleos en el mismo período. En la última clasificación (1993) de las 500 empresas más grandes del mundo es notoria la ausencia de 165 que aparecían en 1992. Se requiere trabajo para obtener beneficios, pero por ahora lo más crítico para los países en vías de transformación es tomar la decisión. La decisión de globalizarse.

Este libro aparecerá primero en Colombia, coincidiendo con el estreno de un nuevo plan nacional de desarrollo que centra su atención en la competitividad y la productividad. El esfuerzo realizado y buena parte de las ideas de nuestro trabajo fueron inspiradas por el propio nuevo presidente de Colombia, el doctor Ernesto Samper. Desde su cargo como ministro de Desarrollo y presidente de las juntas directivas de la Corporación Andina de Fomento (CAF) y del Instituto de Fomento Industrial (IFI), él mismo sugirió muchas de las ideas que nos llevaron a buscar en el modelo asiático su realización concreta, especialmente en lo relacionado con la transferencia de tecnología, la competitividad y el papel de la pequeña y la mediana empresa. No es coincidencial que él haya creado una Consejería Especial para la Competitividad, que haya constituido el Consejo Nacional de Competitividad con los más altos representantes del sector privado, el sector laboral, el sector académico y el propio sector oficial y esté gestionando la creación de un centro de productividad con el Japón. Al presidente Samper debemos nuestro primer y más especial agradecimiento pero no el único. También debemos profunda gratitud a colegas diplomáticos, académicos y empresarios amigos del Japón y demás países de la región (Corea, Taiwán, Hong Kong, Malasia, Tailandia Y China). Sin su colaboración y estímulo no hubiéramos logrado la perseverancia, motivación y afán de terminar este exigente pero agradable ejercicio.

Finalmente, hay que alertar al lector acerca de la repetición de conceptos y enseñanzas que ofrece la experiencia del A-P. Lo programamos y lo decidimos así, porque es un aporte más del método oriental de transmisión verbal y escrita. En oriente, especialmente en el Japón y la China, la repetición y el repaso circular de las vivencias es lo que ha hecho que su fascinante historia no sea solamente un ejercicio literario sino un verdadero plan de vida.

Capítulo I

T-P-C:
TECNOLOGÍA, PRODUCTIVIDAD
Y COMPETITIVIDAD

La gran lección del Asia-Pacífico

Si hubiese que resumir en tres palabras los ingredientes básicos y el resultado esencial de la experiencia económica del A-P, éstos serían: tecnología-productividad-competitividad o T-P-C. En ese orden. Allí están la fuente y el fruto principal de lo que este modelo económico produce combinando de diferentes maneras lo que otros modelos, o no pueden, o se tardan más en producir a pesar de usar los mismos ingredientes. El éxito de este modelo no significa que no haya otros países más productivos (por ejemplo, Suiza) y con mayores niveles de desarrollo tecnológico (como los EE. UU.), o con mayores niveles de competitividad (Alemania), pero lo que sí es un hecho es que ninguna región ha hecho de este proceso algo tan propio, cotidiano y habitual, incorporando en forma equilibrada estos tres elementos a su propio desarrollo y a su propia cultura. En este triángulo T-P-C está, quizá, la principal clave del éxito asiático y de su incontenible carrera por convertirse, en el año 2010, ¡en la primera potencia económica mundial como región!

La *globalización* (tal como se describe con mayor detalle en el capítulo siguiente) es un fenómeno reciente. Realmente se inició con la ofensiva sin precedentes de los capitales estadounidenses, japoneses y chinos a mediados de los años 80 y se consolidó con la apertura de Europa Oriental y la nueva Confederación de

Repúblicas Soviéticas; es decir, con el fin de la guerra fría. Los países pobres y ricos, con recursos o sin ellos, eficientes o ineficientes, ya no tienen otra salida que globalizarse. El desbordamiento de nuevos acontecimientos mundiales suscitados a finales de los años 80, puede considerarse como una verdadera revolución muda. Revolución que todo lo abarca, que a todos afecta y que no da posibilidad distinta que participar en este nuevo torbellino universal. Los únicos países que —previéndolo o no— se prepararon concienzudamente e hicieron la tarea necesaria para salirle adelante a esta revolución silenciosa fueron los países del A-P. Si bien en el ciclo vital de los países aparecen y desaparecen espontáneamente períodos de desarrollo de alta productividad y competitividad, la diferencia con la experiencia de los países del A-P radica en que en ellos lo esporádico y eventual se convirtió en algo cotidiano y permanente. Si T-P-C se ha producido excepcionalmente en otras economías en el pasado, en el A-P se ha hecho parte simbiótica de los hábitos cotidianos. La interrelación de estos tres conceptos con la dinámica de todo proceso de desarrollo económico en un mundo globalizado se ilustra en forma simple pero completa en el diagrama que se presenta en el gráfico 1. Con este gráfico hemos logrado, finalmente, representar en forma resumida toda la profundidad de este proceso. El gráfico ilustra los requisitos básicos, las fases inicial, intermedia y final y los objetivos de todo proceso de globalización. Es decir, allí están los factores que entran en el modelo, los que interactúan y los que resultan del proceso. En síntesis, la combinación adecuada de unos elementos básicos genera la posibilidad de producir eficientemente. Pero esto sólo se logra incorporando *tecnología aplicada* a los procesos de producción. La transferencia de tecnología es el primero, no el segundo, de los elementos que intervienen en este proceso. Asegurando flujos de conocimiento, capacitación y maquinaria se pasa a una fase intermedia en la que la eficiencia en la producción más la reducción de costos y las mejoras en calidad, diseño, materiales, empaque, comercialización, gerencia, etc., hacen más *productivo* al país. Sólo si se da la combinación de mayor productividad y menores costos de

GRÁFICO 1

El proceso de desarrollo económico en el contexto de la globalización

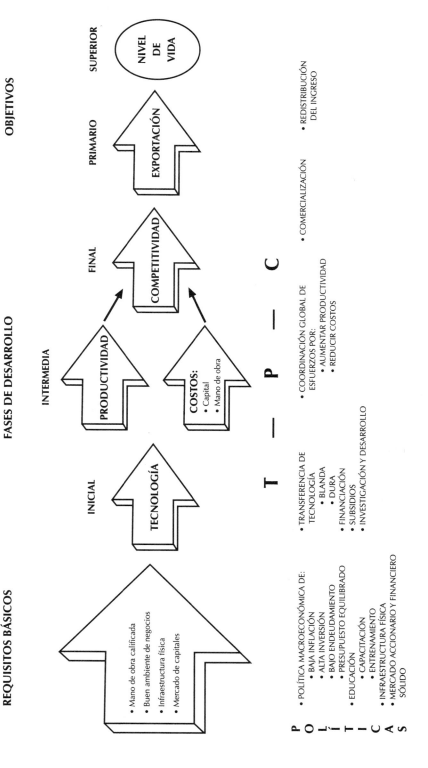

producción se obtiene —en la tercera fase— un nivel suficiente de *competitividad*. De no seguirse así la secuencia, se puede llegar a ser productivo sin ser competitivo. Y es sólo alcanzando la fase de competitividad como puede aspirar un país a exportar en forma estable y permanente. Desde luego, siempre y cuando que las fases uno y dos (tecnología y productividad) se consoliden y mantengan en forma continua y permanente. Todo esto para alcanzar el fin último de los procesos económicos de producción, que es *elevar el nivel de vida de la población*. Objetivo que se logra, en el marco de la globalización, a través de la *exportación*.

Consideramos que es indispensable —antes de relatar lo que sucedió en Asia para recomendarlo a los países en vías de transformación—, introducir los tres conceptos básicos que surgirán recurrente y reiteradamente en todo este relato: tecnología, productividad y competitividad. En esta secuencia, en el A-P se dieron primero el conocimiento y las máquinas; luego, una producción cada vez más eficiente y de mayor calidad, y por último una dinámica colocación de los productos en los mercados internacionales. Si sus productos son comprados, los países productores podrán considerar que tuvieron éxito. La exportación es el único medidor de la competitividad. Lo grave es que en un mundo globalizado ya uno no vende; a uno le compran. Y para que le compren a uno sus productos no es suficiente que éstos sean buenos, sino que deben ser los mejores, a los mejores precios, porque eso es ser competitivo.

Tecnología

El concepto de tecnología es más complejo de lo que generalmente se supone, puesto que comúnmente se le asocia simplemente con maquinaria. Dada la importancia capital de la tecnología en el mundo actual, y específicamente dentro del proceso de globalización ilustrado en el gráfico 1, se impone una definición más precisa: tecnología es, fundamentalmente, *conocimiento*, entendiendo por conocimiento un recurso utilizable para mejorar la eficiencia de la producción o el mercadeo de bienes y servicios a través de diferentes medios: unos "duros", como equipos y maquinarias, y otros "blandos", como conocimientos y experiencias aislados, incorporados a las máquinas o a los métodos de producción. Es así como la tecnología es una combinación de *software* y *hardware*[1], y entre ambos incluyen materiales, máquinas, mano de obra calificada, capacidad gerencial y mercadeo, y sirven para "hacer cosas" y "solucionar problemas"[2]. El uso eficiente de la tecnología se ha convertido en el elemento más importante en la producción de bienes y servicios. Esto ha sido especialmente claro desde que el desarrollo económico de los países empezó a depender más de la capacidad industrial y menos de la dotación de recursos naturales. El primer país que puso como prioridad económica su desarrollo tecnológico fue el Japón, quizá por las mismas condiciones objetivas de falta absoluta de recursos y gran abundancia de mano de obra. Posteriormente, y por tener condiciones objetivas similares, y por haber sido influidos ampliamente por el modelo japonés, el resto de los países del A-P han puesto también, como una de sus prioridades, el uso eficiente de tecnología en sus sistemas de producción, a lo cual sus planes de desarrollo comúnmente se refieren con el nombre de tecnología aplicada[3].

El desarrollo tecnológico es un proceso que toma tiempo y generalmente es difícil, arduo y hasta doloroso. A pesar de que la tecnología avanza a pasos de gigante y cada vez se extiende más, también es cierto que su transferencia es cada vez más costosa y difícil. Ello se debe a que la tecnología se ha convertido en una mercancía comercializable de exportación. Los últimos cien años del Japón ilustran el tiempo que toma desarrollar tecnologías y también cómo, una vez adquiridas, se van autorreproduciendo

---

[1] Éstos son dos términos muy comunes en informática, sistemas y computadores. Hacen referencia a los elementos blandos (*soft*) y duros (*hard*) que se utilizan. El computador y las partes físicas son el *hardware*, y los programas son el *software*.

[2] J. Dunning, *Towards a Taxonomy of Technology Transfer and Possible Impacts on OECD Countries*, OECD, 1982, pág. 10. Rosenberg y Frischtak, *International transfer of Technology*, Praeger Special Studies, 1985, prefacio.

[3] Para los propósitos de este análisis, diferenciaremos tecnología aplicada o tecnología industrial de tecnología básica; la cual está relacionada con desarrollos científicos generales pero sin aplicación específica a la producción de bienes y servicios.

velozmente. El éxito del desarrollo tecnológico del Japón se debió, más que a la creación inicial de tecnología, al fenómeno conocido como "transferencia de tecnología", pues para el Japón ésta fue el producto de comprar, asimilar y desarrollar nuevos conocimientos e ideas, inexistentes para él hacia fines del siglo pasado. La transferencia internacional de tecnología se aceleró notablemente entre las dos guerras mundiales y se llevó a cabo principalmente desde los países productores de tecnologías avanzadas (EE. UU., Alemania, Francia e Inglaterra) al resto de los países. En el caso del A-P, una primera etapa de transferencia tecnológica se cumplió en tiempos de conflicto —Segunda Guerra Mundial, Guerra de Corea y Guerra del Vietnam— y una segunda fase, durante los últimos dos decenios; ésta última con propósitos exclusivamente industriales. En ambas etapas fueron los EE. UU. y —últimamente— el mismo Japón los principales proveedores de tecnología.

Un proceso exitoso de transferencia de tecnología no es simplemente transportar maquinaria o técnicos de un lugar geográfico a otro. Este proceso requiere, además, la selección, transmisión, adaptación, modificación y difusión de conocimientos experimentados con éxito en otro lugar. Fue la extraordinaria capacidad de recepción y absorción de tecnología el factor que determinó de manera decisiva el sorprendente crecimiento económico de las naciones del A-P.

En el mundo de hoy, libre ya de una confrontación ideológica en gran escala, se está llevando a cabo una guerra silenciosa. Todos los días se dan batallas sin balas, cañones o torpedos; sin ruidos diferentes de los de las fábricas y los vehículos que transportan mercancías; sin derramamiento de sangre ni destrucción de estructuras. Sin embargo, sus efectos —por lo devastador de sus implicaciones— pueden ser iguales o peores que las guerras convencionales. Es la guerra por las tecnologías (véase recuadro 1) que se emplean en la industria para competir en el comercio internacional. En esta guerra muda comercial, Asia parece estar consolidando su liderazgo. Tanto, que ya en foros regionales e internacionales se habla de *pax asiática* o *pax pacífica*, en cuanto a comercio internacional se refiere. Pues tanto la *pax estadouni-*

Recuadro 1

La guerra silenciosa

La única guerra silenciosa que se libra en la actualidad sin producir bajas de vidas humanas sino quiebras en unas empresas y rezago tecnológico en otras, es la guerra de la investigación y el desarrollo. Es una guerra sui géneris. Los mayores damnificados, sin embargo, en esta guerra sin balas no son los que participan en ella sino, curiosamente, los que deciden no incorporarse a la contienda.

En 1992 IBM, el mayor inversionista en investigación y desarrollo (I&D) del mundo después de General Motors, perdió 4.97 billones de dólares. Para 1993, el presidente de IBM anunció que el 20% del presupuesto total se destinaría a I&D; cuatro veces superior al asignado en años anteriores. Eso mismo hace Boeing para perfeccionar el 777, y Sharp, en el Japón, para multiplicar los usos de las pantallas de cristal líquido, mientras que ABB (Asea Brown and Bovery) dedica el 90% de su presupuesto para ser aplicado en las fábricas y no en los laboratorios.

Siemens, el gigante alemán en equipos y muchos otros productos, es la compañía que más invierte en I&D: 5.32 billones de dólares. Las compañías japonesas ocupan 6 de los 10 primeros lugares. Japón, como país, invirtió 35.1 billones de dólares en 1992, y Estados Unidos 79.4 billones de dólares, que sumados equivalen a casi el 90% de lo que gastan, por el mismo concepto, los demás países del mundo.

Nota: En todo el libro hemos adoptado un solo sistema de equivalencia monetaria, compatible con la que se usa en la literatura actual: billón equivalente a un millón de millones, y trillón a un millón de billones. Aunque en español esto no es correcto, es un hecho aceptado ya internacionalmente en casi todos los demás idiomas.

dense, que sucedió a la *pax británica*, y la *pax nipona*, que rivalizó con la *pax soviética*, fracasaron en sus intentos de crear un solo estado comercial hegemónico a su alrededor. Esta nueva realidad se refleja en un hecho contundente: el mercado del océano Pacífico ya superó al del océano Atlántico y el mercado interno de Asia ya superó al mercado externo de Asia con el resto del mundo.

Más que contiendas entre diferentes países y bloques de países, surgen unos hechos irreversibles: la confrontación ideológica ha sido sustituida por la confrontación económica, y al modelo tradicional autosuficiente y de sustitución de importaciones lo reemplaza la aparición de un nuevo modelo de desarrollo interdependiente y globalizado, en el cual el elemento decisivo es lo tecnológico. Tal vez los primeros en mencionar este fenómeno, en 1985, fueron Joseph Nye y Robert Keohane, en su libro *Poder e interdependencia*, y después Mijaíl Gorbachov, en su alocución ante las Naciones Unidas en diciembre de 1988: "El mundo ha alcanzado verdaderamente un punto de quiebre en su desarrollo [...] la revolución de la ciencia y la tecnología ha transformado los problemas económicos, de alimentos, de energía, ecológicos y demográficos, que hasta hace poco eran de carácter nacional o regional, en problemas globales..." También el entonces secretario de Estado de los EE. UU., George Shultz, dijo en su discurso de despedida, en enero de 1989: "Una nueva economía global, basada en la información y la apertura tecnológica, está progresivamente reemplazando viejas decisiones basadas en fronteras nacionales y rivalidades ancestrales".

El gráfico 2 establece una comparación de los niveles de desarrollo tecnológico entre países, tomando a los EE.UU. como patrón de referencia. En él se puede apreciar el liderazgo de los EE. UU., pero también el progreso relativo de los países del A-P. En materia tecnológica, los países del A-P se modernizaron por la necesidad de sobrevivir comercialmente pero incorporaron esa modernización orgánicamente a su economía. Otros, especialmente la China, basaron su propio crecimiento en una política de transferencia de tecnología por inspiración ideológica (especialmente durante la Revolución Cultural) pero sin un vínculo activo y orgánico con la economía. A pesar de tener la China cerca de 800 000 técnicos y científicos dedicados a la ciencia y la tecnología, el sistema tecnológico no respondió, como en otros países, a la demanda y las necesidades generadas por el sector privado sino, más bien, a la presión originada por el sector público. Por ello, en la China y en los países más rezagados del A-P, aunque

GRÁFICO 2

Desarrollo tecnológico

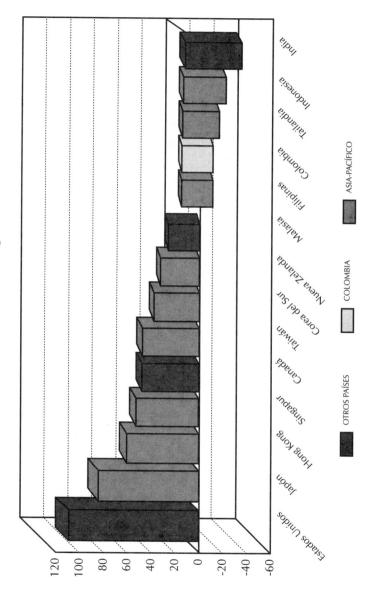

* ÍNDICES TECNOLÓGICOS CONSTRUIDOS SEGÚN LA METODOLOGÍA IKEMOTO.

FUENTE: TECHNICAL PROGRESS AND LEVEL OF TECHNOLOGY IN ASIAN COUNTRIES, 1970-80: A TRANSLOG INDEX APPROACH. THE INSTITUTE DEVELOPING ECONOMIES XXIV-4 DE DICIEMBRE DE 1986.

se crearon laboratorios y se redujo significativamente la importación de bienes de capital, la tecnología no se convirtió en un proceso de evolución autosostenida, ni produjo externalidades[4] positivas en los sectores de la producción. Por ello han tenido que salir a comprarla o conseguirla en forma de inversión extranjera. Países exitosos como Corea, a través del Instituto Coreano para la Ciencia y la Tecnología, dieron énfasis prioritario a la incorporación de tecnologías avanzadas sin prestar atención a criterios ideológicos o nacionalistas cuidándose de mantener el desarrollo armónico en los sectores de exportación y sin deteriorar la relación campo-ciudad o sector interno-sector externo. Tal vez por ello lo que fue exitoso en Corea, Hong Kong, Taiwán y Singapur faltó en la China, Tailandia, Indonesia y las Filipinas. En algunos de estos países la tecnología fue forzada "desde arriba", no contó con filtros adecuados en las importaciones, generó desequilibrios agudos entre el sector agropecuario y el sector urbano y no se incorporó a la economía en forma integral. Tampoco se trazaron una estrategia o un plan tecnológico de largo plazo, ni pudieron romper con las prácticas de producción tradicionales. La tecnología nunca fue en las Filipinas, Tailandia e Indonesia un tema de debate nacional, como si lo fue en el Japón, Corea y Taiwán. En el Japón, donde más exitoso ha sido el proceso en los últimos cien años, se siguió el siguiente patrón: Primero se produjo un amplio debate y se creó conciencia colectiva sobre los beneficios de importar ideas y conocimientos. Luego, el gobierno adoptó como política la imitación (desde mediados de 1800 hasta principios del siglo XIX). Posteriormente vino la adaptación de tecnologías sencillas a condiciones locales del Japón (desde 1900 hasta la Segunda Guerra Mundial). Después de la guerra y hasta 1970 se buscó conquistar y adoptar tecnologías avanzadas. Sólo desde 1970 hasta el presente, el Japón ha creado sus propias tecnologías industriales. En las primeras etapas el Japón dependió, enteramente, de personal y guía extranjeros.

---

[4] Por "externalidades", en economía, se entiende el conjunto de efectos (positivos o negativos) que genera toda actividad productiva.

Después, desde principios de 1980, se crearon consejos de promoción e investigación aplicada compuestos por empresarios y académicos japoneses. Además, toda decisión sobre investigación y compra de tecnología fue cuidadosamente analizada desde el punto de vista de su efecto en la balanza de pagos del país. Desde esta perspectiva, se entiende cómo la exportación de bienes, de baja calidad inicialmente, fue, más que una opción, una necesidad. Se iba abandonando la tecnología vieja a medida que se asimilaba una nueva, que en lo posible no incluyera capital extranjero. En este decenio, el último del siglo XX, el Japón ha concentrado toda su energía tecnológica hacia el desarrollo de tecnologías básicas y de punta, especialmente en los campos de las telecomunicaciones, nuevos materiales y el control del medio ambiente.

Una lección clara que deja el proceso de transferencia de tecnología en los países del A-P es que sin el apoyo decidido de los sectores privado y público en cada país no hubiese sido posible lograr un nivel de industrialización elevado. El caso de las Filipinas, donde no hubo consenso ni un compromiso firme de la clase empresarial, los resultados han sido decepcionantes. Las Filipinas, un país considerado por todo el mundo como "el más firme candidato para ser la economía líder del sudeste asiático"[5] hace 25 años, queda a la zaga de los demás por su incapacidad de absorber y generar tecnología. En otros países, como fue el caso de la China, la India e Indonesia, se creó la estructura formal para el desarrollo de la ciencia y la tecnología, pero no se establecieron los nexos o "amarres" con el sector de la producción industrial. Cosa diferente sucedió en el Japón, Corea y Taiwán, donde el gobierno primeramente creó una infraestructura que luego el sector industrial asumió casi totalmente, hasta el punto de que casi todo el desarrollo tecnológico y científico se dio y se sigue dando dentro de las empresas y muy poco en los centros académicos o científicos independientes. La ciudad de la ciencia de Tsukuba, en Japón, Hsinchu Park, en Taiwán, y el Instituto Coreano de Ciencia y Tecnología no son otra cosa que conglo-

---

[5] Informe del Banco Mundial (*World Bank Economic Report*), Washington, D.C., 1970.

merados de empresas privadas que hacen su propia investigación y desarrollo tecnológico con el apoyo y la coordinación del sector público. Éste último desempeña más un papel de árbitro-colaborador que de jugador en el campo.

Una última característica sobresaliente del proceso de desarrollo tecnológico en los países del A-P es la gran dinámica de las pequeñas y medianas empresas en este proceso. Especialmente en Taiwán, Hong Kong, Tailandia y Malasia, se ha creado un verdadero bazar de nuevas tecnologías (de la "segunda ola"[6] pre-electrónica), mejoradas continuamente por este sector semi-informal. En este proceso, la llamada *reverse engineering* (ingeniería al revés) es la nota predominante. Ella consiste, simplemente, en comenzar desde el producto final e ir entendiendo y reproduciendo cada producto hasta sus componentes básicos (chips, microchips, semiconductores, pantallas de cristal líquido, etc.). Es decir, es aprender desbaratando y copiando, pero con conciencia de tecnología y método. O, simplemente, "imitación creativa", como la llaman en Hong Kong, donde no existen fronteras muy claras entre lo formal y lo informal, entre la copia y la innovación.

Productividad

Ya lo dijimos anteriormente y aparece con contundencia en el gráfico 1: El principal objetivo económico de una nación es generar y mantener niveles de vida altos para sus ciudadanos. Pero ello depende, exclusivamente, de la capacidad que tengan las unidades económicas de cada nación para alcanzar niveles altos de productividad y para mantenerlos e incrementarlos a través del tiempo.

Un descubrimiento interesante, para quienes disfrutamos haciendo análisis comparativo, de lo que ha sucedido en el Oriente con respecto a lo que ocurre en el Occidente, es que la productividad no sólo es más alta —tal como lo constatan múltiples

---

[6] La "primera ola" tecnológica fue la relacionada con la máquina de vapor, la imprenta y el telégrafo; la segunda, con la electricidad, el automóvil, los productos químicos y las fibras sintéticas; la tercera, con la electrónica, la *informática*, la biotecnología y la inteligencia artificial. La próxima "cuarta ola" estará, seguramente, relacionada con la vida, la recreación y la belleza.

estudios y se observa en el gráfico 3—, sino que, como concepto, es diferente en el A-P. La diferencia no está en la definición *per se* ("mayor producción por unidad de insumo"), sino en los aspectos complementarios que este concepto entraña en Asia. La productividad en el A-P es más que una simple relación de eficiencia. Abarca, además, los criterios de calidad, manejo, modernización, sistematización, esfuerzos colectivos, etc. Es decir, productividad no es solamente el grado de eficiencia con que se produce y se comercializa. Es, en cierto modo, más que una medida del "costo" de los productos o servicios producidos, en función de sus insumos. Tal como se puede apreciar en el gráfico 3, los países del A-P tienen una posición privilegiada en el contexto mundial por producir más de un producto con los mismos insumos (capital, materia prima o mano de obra) o por lograr producir la misma cantidad de ese producto utilizando menos insumos, y todo ello con calidad, con tecnología... con *zenshin*.

Los aumentos de productividad se consiguen fundamentalmente por medio de la incorporación de tecnología a los procesos productivos. Con ello se influye positivamente en la mano de obra (por mayor capacitación y entrenamiento) y se mejora el factor de capital (comprando maquinaria o equipos más modernos y eficaces). Dado que la tecnología puede influir en los insumos o materias primas (variedades más rendidoras o materiales más fuertes, etc.), la productividad y su efecto sobre los costos se convierten en condición necesaria para incrementar las exportaciones, que es lo que aquí llamamos competitividad. Es evidente que la productividad es condición necesaria —aunque no suficiente—[7] para que se dé un alto grado de competitividad. Como ya

---

[7] Se podría dar una situación en la cual el alto contenido de la mano de obra o inversiones de capital (maquinaria) aumenten significativamente la productividad (número de productos por trabajador) pero que, debido al costo final, éste no sea competitivo en el ámbito internacional. En tal caso, la productividad y la competitividad se mueven en sentido contrario. Eso mismo sucedería con la mayor exportación de productos gracias a una fuerte devaluación de la moneda del país exportador. En tal caso se gana —transitoriamente— competitividad aunque la productividad sea baja. Aunque estas situaciones en las que cada variable se mueve en dirección contraria tienden a eliminarse a largo plazo, la ganancia neta para el país que las hace coincidir es inconmensurable.

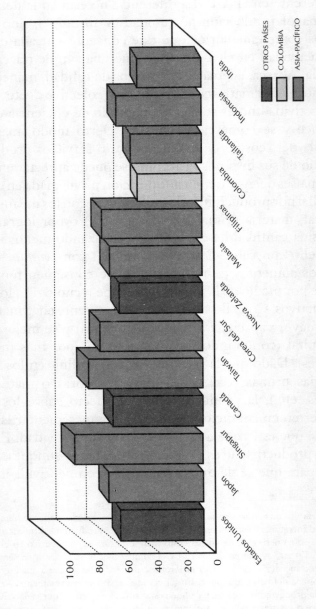

GRÁFICO 3

Nivel de productividad

OTROS PAÍSES

COLOMBIA

ASIA-PACÍFICO

NIVEL DE PRODUCTIVIDAD MEDIDO SEGÚN MÉTODO BERI (LFEM)

se anotó anteriormente, existen otros factores (escala de producción, estructura corporativa, niveles de costos, apoyo gubernamental a la política industrial) que desempeñan un importante papel en el desarrollo de la competitividad internacional de los países, además del nivel de productividad.

La asociación entre competitividad y productividad se ilustra en el gráfico 4. El gráfico muestra cómo los países del A-P también se hallan en situación claramente ventajosa[8] si se los compara con países de diverso nivel de desarrollo, como los EE. UU., el Canadá, Colombia, Nueva Zelanda y muchos otros que no aparecen en el gráfico. Se aprecia claramente que países como Singapur, Taiwán y Corea son los verdaderos "campeones" de la productividad medida por el BERI[9]. Este indicador, aunque no hace mucha justicia a los exportadores de servicios, da una idea general de la medida en que los países del A-P han logrado obtener beneficios económicos sin precedentes por la vía de la fabricación y la exportación de productos altamente eficientes y competitivos.

Competitividad

A medida que las economías del mundo se han ido internacionalizando, se han consolidado modelos orientados hacia las exportaciones, como los de los países del A-P. La competencia en los mercados internacionales está transformando las relaciones económicas, creando nuevas fronteras donde sólo los más fuertes y capaces —valga decir, los más competitivos— pueden triunfar. En este nuevo mundo conformado por todos los competidores globales, el comercio internacional se ha constituido en una nueva economía en sí misma, que es similar a un país hipotético tan grande como tres veces la economía estadounidense. La capacidad

---

[8] Por posición de ventaja se entiende la de aquellos países que se sitúan en la parte superior derecha del gráfico.

[9] BERI es el instituto suizo que realiza periódicamente las encuestas sobre competitividad de más de sesenta países. Incluyendo más de cinco criterios, clasifica a los países según su nivel de competitividad (véase nota 10, página 17).

GRÁFICO 4

Productividad frente a competitividad

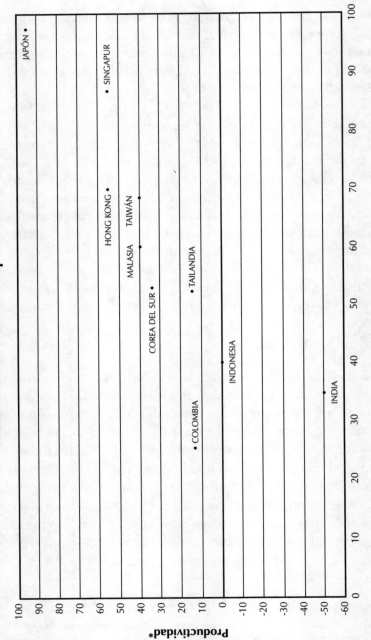

* Productividad de acuerdo con el Índice de Desarrollo Tecnológico IKEMOTO

que tienen las empresas de una nación para participar y sobrevivir o morir en esa nueva economía depende de un solo factor que se conoce como *competitividad*. Con el fin de ser competitivos, los países deben tener empresas competitivas, y éstas, a su vez, deben desarrollar y mantener a través del tiempo ciertas *ventajas*, bien sea mediante mayor eficiencia en la producción (costos bajos) o mediante la elaboración de productos y servicios de más alta calidad. En otras palabras, como lo dijimos anteriormente, las empresas deben ser productivas, pero *también* competitivas. Ni lo uno implica, necesariamente, lo otro; ni serlo en un momento garantiza serlo permanentemente.

Recientemente el Banco Mundial publicó un análisis detallado sobre Asia del este (el A-P más Vietnam, Laos, Camboya y Brunei), llamado *The East Asian Miracle (El milagro de Asia del este)*[10]. En él se enfatiza cómo los países de esta región presentan grados diferentes de desarrollo pero una dinámica admirable de crecimiento conjunto en los últimos cuatro decenios. Tal dinámica se debe, según el informe, a su competitividad en los mercados internacionales. El informe mundial sobre competitividad, elaborado en 1993 por el World Economic Forum[11] de Suiza, confirma, a su vez, tales resultados. De éste último se extrae la información que se presenta en el gráfico 5, en el que se reflejan los niveles de competitividad de varios países. También en el gráfico 6, exportaciones por habitante, se ilustra, indirectamente, el grado de competitividad de las economías seleccionadas. Tomando conjuntamente los gráficos 5 y 6, se concluye que los países del A-P son, como bloque, los más competitivos y, por ello, los que tienen mayores niveles de exportación por habitante. Esto no revela nada diferente de que el esfuerzo por vender es lo que

---

[10] *The East Asian Miracle, Economic Growth and Public Policy*, World Bank-Oxford University Press, 1993.

[11] El World Economic Forum y el International Institute of Management Development realizan periódicamente una encuesta a dos mil ejecutivos, gracias a la cual selecciona la competitividad de los países sobre la base de los criterios de competitividad recomendados por el BERI.

GRÁFICO 5

Grado de competitividad

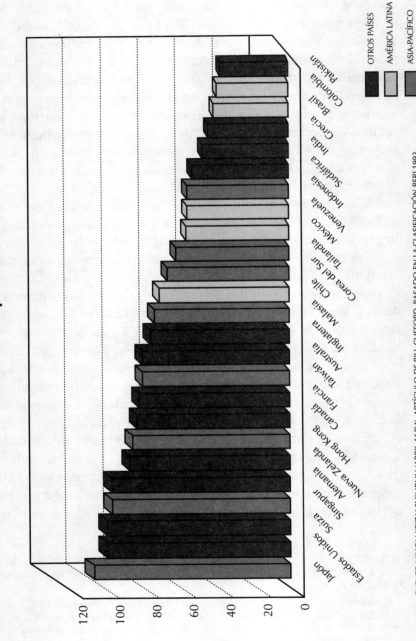

FUENTE: NIHON KEIZAI SHIMBUN (ABRIL 11/94), ARTÍCULO DE BILL CLIFFORD, BASADO EN LA CLASIFICACIÓN BERI 1993

GRÁFICO 6

Exportaciones por habitante

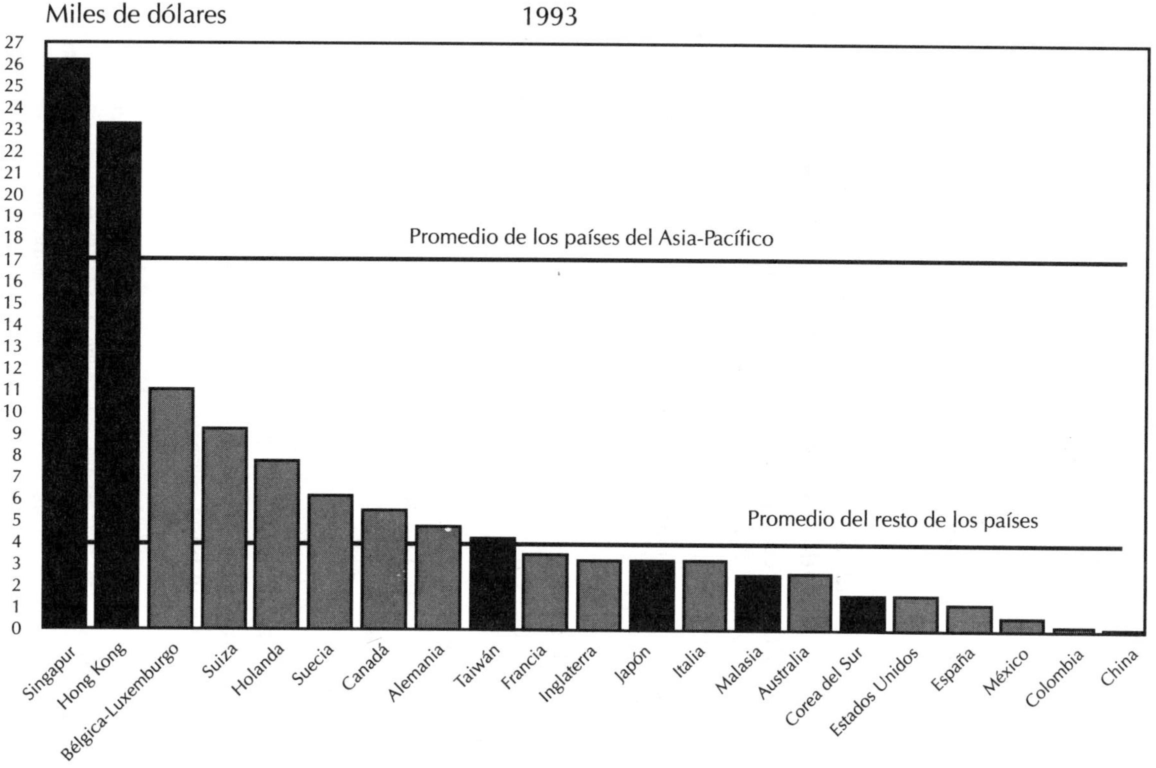

1993

Miles de dólares

Promedio de los países del Asia-Pacífico

Promedio del resto de los países

27 26 25 24 23 22 21 20 19 18 17 16 15 14 13 12 11 10 9 8 7 6 5 4 3 2 1 0

Singapur
Hong Kong
Bélgica-Luxemburgo
Suiza
Holanda
Suecia
Canadá
Alemania
Taiwán
Francia
Inglaterra
Japón
Italia
Malasia
Australia
Corea del Sur
Estados Unidos
España
México
Colombia
China

FUENTE: WORLD TABLES, 1994. WB.

realmente muestra la competitividad de las naciones y de las empresas. Competitividad que por sí misma implica costos de mano de obra acordes con: productividad, uso más eficaz de las máquinas, mejor calidad de los productos, más alto nivel de gerencia y administración y mayor eficiencia. Sin embargo, la competitividad y el impulso hacia la exportación no obedecen tan sólo a la capacidad y a la voluntad de las empresas. En ello desempeñan un papel importante las políticas y los estímulos gubernamentales. Tal ha sido el caso de los países del A-P donde los gobiernos desempeñaron un papel importante para que las empresas de sus naciones lograran mayores niveles de penetración en los mercados internacionales. La estrecha relación entre sector privado y sector público generó una dinámica exportadora en la que es difícil distinguir entre el éxito exportador de una compañía y el éxito del aparato gubernamental alcanzado a través de la identificación de sectores, otorgamiento de subsidios y promoción de exportaciones; en pocas palabras, ejerciendo plenamente una política industrial.

Como fruto de nuestras observaciones en el A-P, cabe concluir que los gobiernos —principalmente los de los países en vías de desarrollo— pueden y deben desempeñar un papel fundamental a través de su política económica de desarrollo de recursos humanos y de la construcción de infraestructura adecuada. De esa manera generaron en el A-P un ambiente propicio y favorable para mejorar los niveles de productividad y, por ende, los niveles de competitividad de sus empresas[12] y de su fuerza laboral. En este sentido es posible hablar de la competitividad como de una categoría nacional y no solamente como una categoría microeconómica que hace referencia sólo a las empresas (véase recuadro 2).

---

[12] Con el fin de que se tenga una visión más completa del reciente debate entre productividad y competitividad, recomendamos los siguientes textos:

- Michael Porter, *The Competitive Advantage of Nations*, Free Press, 1990.
- Paul Krugman, *Peddling Prosperity*, W. W. Norton and Company, 1994.
- Paul Krugman, "Competitiveness, a Dangerous Obsession", en *Foreign Affairs*, vol. 73, núm. 2, marzo/abril, págs. 28-44.
- Prestowitz Thurou, Cohen, Scharping, Krugman, "The Fight Over Competitiveness", en *Foreign Affairs*, vol. 73, núm. 4, julio/agosto, págs. 186-203.

Recuadro 2
La competitividad, ¿una obsesión peligrosa?

Recientemente Paul Krugman, joven y famoso profesor del Instituto Tecnológico de Massachusetts, especialista en teoría de comercio internacional, publicó su libro *Peddling Prosperity: Economic Sense and Nonsense in the Age of Diminished Expectations,* y meses después la revista *Foreign Affairs* (primavera de 1994) incluyó su artículo "Competitiveness: A Dangerous Obsession". Con lo expresado en este par de publicaciones, que en términos generales corresponde a su análisis de la economía de los Estados Unidos, Krugman suscitó un debate de gran interés, especialmente en contra de los economistas de derecha y de los teóricos del comercio estratégico. En pocas palabras, los principales puntos del debate son los siguientes:

• La actual preocupación de muchos economistas acerca de la competitividad de sus países no tiene mucho sentido. En la realidad la competencia entre países no es como la competencia entre, por ejemplo, Coca-Cola y Pepsi-cola, en la cual lo que gana una de ellas lo hace casi siempre a expensas de la otra. En el comercio internacional los países pueden beneficiarse simultáneamente a través de la dinámica de las ventajas comparativas, con posibilidad de ganar todos.

• El comercio internacional, para la gran mayoría de los países, aún representa una proporción muy pequeña del total del producto nacional bruto. Como consecuencia, los niveles de vida de los ciudadanos de una nación dependen casi exclusivamente de la productividad de sus compañías en el mercado nacional y no de su competitividad en el ámbito internacional.

• No es mucho lo que los gobiernos pueden hacer respecto a la competitividad y a la productividad de una nación. En los dos casos, son las empresas las que tienen que aumentar la eficiencia de sus trabajadores y de sus máquinas mediante el uso de nuevas tecnologías. Los gobiernos deberían desistir de su obsesión de aplicar medidas destinadas a aumentar las exportaciones.

El dilema de los países en vías de desarrollo

Frente a la experiencia exitosa de los países del A-P, los argumentos de Krugman no parecen tener validez. (Véase en el recuadro 2 una explicación sobre Paul Krugman y sus recientes publicaciones.) Ante el reto ineludible de la globalización del comercio internacional, el dilema para los países del A-P fue cómo y en qué medida lograr niveles adecuados de T-P-C y exportar. Claro está que subsisten muchos interrogantes: ¿Se debe invertir masivamente en tecnología? ¿Quién ofrece esa tecnología? ¿Cómo se hace la transferencia? ¿Vale la pena dedicarse a mejorar únicamente la productividad del sector productor de bienes y de servicios, como lo sugiere Krugman? ¿Cómo se crea la "cultura" de la productividad? ¿Cómo lograr ser más competitivo en los mercados internacionales y mantenerse? ¿Se puede ser competitivo como nación o sólo son competitivas las empresas (ciertas empresas)? Aunque son muchos los interrogantes, la alternativa que se plantearon los países del A-P fue sólo una y ofreció sólo dos opciones posibles. O lo hacían (ésa era una posibilidad) o no lo hacían (que era la otra posibilidad). ¡La cuestión era decidirse o no decidirse nunca! Tan sencillo y tan simple como eso, porque el proceso de globalización arrancó en el decenio de los 80, y va muy rápido. A pesar de ello, la inmensa mayoría de los países de América Latina, Europa Oriental, África y Oriente Medio no arrancan todavía. Es aquí donde los países del A-P ofrecen una lección contundente: basados en una corta experiencia de 20 a 30 años, estos países sí previeron lo que venía. Visualizaron con tiempo suficiente el fenómeno de la globalización. Y se decidieron a actuar en los tres frentes, T-P-C, con resolución colectiva.

Esto no quiere decir que los países en vías de desarrollo que no han despegado no puedan tener éxito en el único contexto internacional que se impone hoy día: el de las relaciones económicas globalizadas. Pero debemos reconocer, sin embargo, que no hay que perder tiempo, pues los países del A-P tomaron ya la delantera. Por ello se hace imperativo entender que lo que todo país *debe* y *tiene* que hacer es concentrar sus esfuerzos en el sector productivo, para lograr el objetivo de mejorar el nivel de vida de la población, tal como lo muestra el gráfico 1. Para lograr tal objetivo, no parece existir otra salida que exportar. Hasta ahora es la única fórmula que ha dado resultado en los mercados internacionales: exportar con la fórmula T-P-C. Aunque este libro no pretende explicar cómo desarrollar e institucionalizar la transferencia de tecnología a procesos industriales, cómo mejorar los niveles de productividad en forma constante y cómo aumentar el grado de competitividad en forma continua (que hemos denominado *zenshin*), sí pretende llamar la atención sobre el papel decisivo que han desempeñado estos tres factores y el fruto que en ese sentido han alcanzado los países de Asia.

En 17 países de Asia existen organismos nacionales coordinadores —llamados centros de productividad y tecnología— que funcionan coordinando políticas de productividad y tecnología al más alto nivel de decisión y compromiso gubernamentales. Con ello se reconoce que el fenómeno de crecimiento exitoso del A-P se debe, en buena parte, a estas organizaciones y que su concepción y naturaleza son un producto y un hecho esencialmente asiáticos. Por eso es en Asia donde debemos buscar las claves para trasplantarlas a otros países. Y si en algún lugar específico del A-P están las raíces de la concepción y la aplicación más exitosa de la fórmula T-P-C, ese lugar es indiscutiblemente el Japón.

Para lograr *zenshin* (para poner al servicio de la economía una nueva cultura de productividad y competitividad basada en la transferencia permanente de tecnología), es necesaria una doble infraestructura: la institucional y la física. La primera, la institucional, debe girar alrededor de un organismo rector que coordine todos los esfuerzos encaminados al "mejoramiento continuo". Con tal propósito se crearon en Asia los consejos nacionales de tecnología y productividad. Su función ha sido coordinar y encauzar todas las acciones hacia la *mejora de la calidad* (calidad total, círculos de calidad, justo a tiempo, sociedad M, teoría Z, modernización del Estado, etc.); hacia la estandarización o adecuación de normas internacionales de calidad; hacia la coordinación de financiación y hacia el fortalecimiento de organizaciones sectoriales y regionales que logren mejorar los procesos de producción.

La segunda, infraestructura física, se hace necesaria para lograr los objetivos mencionados en la infraestructura institucional. En esto, aunque en años recientes se han hecho esfuerzos de importancia en muchos países en vías de transformación, existe un rezago notorio frente a los países del A-P. Si comparamos la inversión de los últimos tres años en infraestructura física realizada por todos los países en vías de transformación, los países del A-P ocuparon los seis primeros lugares y 10 países clasifican dentro de los 15 de mayor inversión. Países como México, Argentina y Colombia, que hace 25 años habrían ocupado los primeros lugares, hoy están relegados a posiciones secundarias frente a los países asiáticos.

La presentación hacia el exterior que hacen los países que buscan nuevos mercados pone el énfasis generalmente en aspectos tales como reformas institucionales recientes; reglas claras y simplificadas en materia de impuestos; estabilidad fiscal y monetaria; políticas gubernamentales previsibles; disponibilidad de crédito; apertura del sector financiero y del mercado accionario. Todo esto, sin embargo, a la luz de lo sucedido en el A-P, no es suficiente. En el mundo de hoy, para atraer inversionistas hay que ofrecer productividad, competitividad y claridad en la política industrial o en la política tecnológica. Los nuevos inversionistas internacionales prefieren ser socios en la producción que inversionistas golondrinas. Generalmente, ni siquiera dan alternativa. Tal como ya lo saben en Asia, la inversión extranjera y el ahorro interno son fuente vital para la globalización. Aun con altas tasas de ahorro, el ingreso de capital se hace fundamental para el desarrollo y el fortalecimiento exportador. La evidencia que se impone de ahora en adelante es que ha de considerarse el planeta como una unidad, donde los lugares atractivos no son los que ofrecen buen ambiente económico general y altas tasas de rentabilidad, sino también incentivos, estabilidad macroeconómica y eficiencia microeconómica. Pues en el mundo se puede producir en cualquier parte, vender en cualquier parte y transferir de cualquier parte hacia donde se necesite y exista demanda... en el menor tiempo y con la mejor calidad posible. No sólo van desapareciendo las distancias sino que por primera vez hace aparición —como tal— un nuevo producto que altera el entorno comercial global: la tecnología casi instantánea.

Es obvio que para que una política tecnológica funcione se necesita algo más que la voluntad política de los gobiernos. Se requieren *verdaderas ganas* y empeño de los empresarios, una decisión colectiva, la aceptación de los trabajadores y una infraestructura adecuada. América Latina, por ejemplo, está lejos de llenar cualquiera de estos requisitos. Sin ellos no parece claro cómo se pueden compensar las ventajas que ofrece una región como el A-P. Tan sólo en energía eléctrica América Latina requiere inversiones anuales de 20 000 millones de dólares en los próximos diez años. En carreteras, telecomunicaciones y puertos, según el Banco Mundial, la cifra necesaria es cercana a los 30 000 millones de dólares por año. Tan sólo Tailandia tiene proyectado invertir 7 000 millones de dólares anuales en infraestructura hasta 1998. Malasia tiene proyectos por más de 35 000 millones de dólares para seis años y Taiwán se propone invertir 300 000 millones de dólares en los próximos seis años. Ni hablar de los planes del Japón, que tiene proyectos con financiación asegurada por 6.3 trillones de dólares en los próximos diez años. La China y la India, por su parte, se han propuesto destinar más del 35% de su producto interno bruto a inversión productiva e infraestructura. Cifra que no está lejos del promedio para todo el A-P. Si bien esto muestra lo lejos que están otros países de invertir cifras semejantes tanto en el desarrollo de la tecnología aplicada como en infraestructura, lo más preocupante es lo lejos que está el resto del mundo en vías de transformación para emprender *una verdadera política microeconómica.*

La baja competitividad y los bajos niveles de productividad y de desarrollo tecnológico de un país como Colombia (gráficos 2 a 6) —exceptuando contados y excepcionales casos individuales de empresas eficientes y competitivas— muestra la gran diferencia con los países del A-P. O Colombia mejora sustancialmente los niveles de eficiencia productiva o el tránsito hacia la globalización le traerá amargas experiencias.

Los mayores niveles de productividad tienen que ver no sólo con lo que pasa dentro de la fábrica (*management*, procesos administrativos, niveles de capacitación, entrenamiento en el trabajo, mística de servicio y atención al consumidor, cultura de la calidad, etc.) sino también con la situación fuera de ella (infraestructura de distribución, transporte, vías, comunicaciones, sistema de integración o *networking*, carreteras, energía eléctrica, puertos, ferrocarriles, etc.). De nada sirve ser productivos en las fábricas si, como sucede en muchos países en vías de desarrollo, los exportadores deben pagar grandes sumas adicionales por cada dólar de exportación, debido a la deficiencia y los sobrecostos de los sistemas de transporte y distribución.

Todo país que piense en el siglo XXI tiene que vincularse a la nueva revolución silenciosa de la tecnología, la productividad y la competitividad. A esta revolución sólo se vincularán los que generen excedentes de capital y excelente mano de obra calificada; no necesariamente los que tienen recursos naturales y mano de obra barata. Los que produzcan riqueza mediante el ahorro o la inversión extranjera, o incluso gracias a la buena suerte (como sucede a veces con las llamadas *windfall profits* o recursos producidos por alguna bonanza), deberán invertirla en la actividad más rentable y segura a largo plazo: aumentar la capacidad de exportación. Si esta inversión se dirige a programas permanentes de transferencia de tecnología para la industria y a mejoras continuas de la productividad, se podrá hablar, entonces sí, de un verdadero *programa microeconómico de largo plazo*. Sólo con un programa como éste, en el contexto de una política macroeconómica que asegure la baja inflación, el bajo déficit fiscal y la no revaluación de la moneda, se asegurarán las condiciones para que los productos inicien su trayectoria de competencia mano a mano en los cada vez más exigentes y complejos mercados internacionales.

¿Cómo podríamos ilustrar la correlación estrecha entre tecnología, competitividad y productividad? Aunque no parece existir una forma simple o un indicador sencillo que represente estos tres conceptos claves, los países del A-P han integrado los tres frentes, obteniendo muy buenos resultados en materia de exportaciones y en mejorar el nivel de vida de sus habitantes. En el gráfico 7 se intenta representar esta relación, para entenderla mejor. Lo importante es ver cómo sí existe una zona de *ventaja competitiva total*, en la que debería situarse todo país interesado en tener éxito como exportador. Una vez que las empresas —y los países— se sitúen en esa zona, obtendrán generosa retribución por cada esfuerzo que hagan para introducir nuevas tecnologías y para aumentar los niveles de productividad en sectores donde exista la posibilidad de competir internacionalmente. Lo demás es teórico. Lo práctico es que esta unificación o convergencia de los tres criterios (T-P-C) permite entender mejor lo que todo país debe hacer en el futuro y lo que ya hicieron los países del A-P en el pasado reciente. El enlace dinámico y consecutivo de estos tres elementos es lo que podríamos llamar un "círculo virtuoso", que rompe el "círculo vicioso del subdesarrollo" en que tantos países han estado enfrascados por tanto tiempo.

Con mejoras graduales y decididas en tecnología, en productividad y en competitividad podrán los países acercarse y permanecer alrededor del "eje" (línea A-B) del gráfico 7, o eje de la calidad y la excelencia. Ello servirá para medir periódicamente qué tan cerca se está de los objetivos que trace todo país exportador o qué tan lejos se encuentran sus competidores.

Éste es uno de esos raros ejemplos, quizá el único, donde el orden de los factores sí altera el producto. Por lo tanto, como se ilustra a lo largo del presente libro, la creación de condiciones para la transferencia tecnológica (primero), los esfuerzos globales por aumentar la productividad (segundo) y los aumentos permanentes (*zenshin*) en el ámbito de la competitividad (tercero) son una receta para el éxito. Esto sobre la base de tener una economía orientada hacia la exportación. Cualquier cambio en la receta y en el orden de estos factores traerá resultados inferiores. Ésa es quizá la principal lección que nos dan los países exitosos del A-P. El resto de las enseñanzas las iremos extrayendo a medida que profundicemos en un interesante viaje por algunos de los países del A-P.

GRÁFICO 7

Dilema tecnológico*

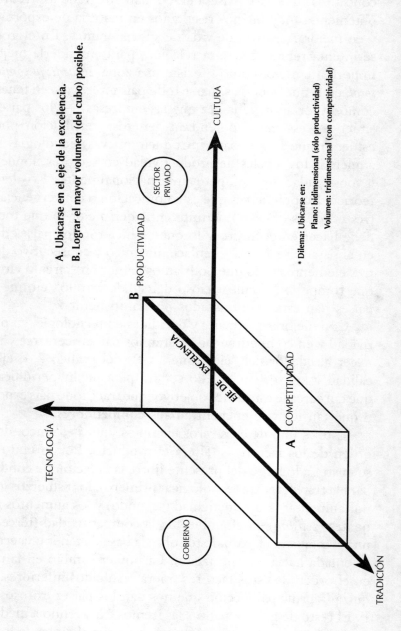

A. Ubicarse en el eje de la excelencia.
B. Lograr el mayor volumen (del cubo) posible.

* Dilema: Ubicarse en:
  Plano: bidimensional (sólo productividad)
  Volumen: tridimensional (con competitividad)

Capítulo II

UN NUEVO FENÓMENO: LA GLOBALIZACIÓN

Las relaciones entre países han entrado en una fase cualitativamente diferente y con características sin precedentes. Aunque el término *globalización* se viene usando sin restringirlo únicamente a lo económico, ningún otro puede dar la verdadera dimensión a este nuevo proceso en la historia de las relaciones económicas internacionales. Son tales los efectos de este fenómeno, que no faltarían razones para llamarlo la revolución global, puesto que en el diccionario electrónico Language Master LM 4000 de Sony se define el término *globalización* como "un fenómeno radicalmente amplio que se precipita súbitamente y que determina un cambio fundamental [...] una reorientación básica".

Un análisis, así sea superficial, de este proceso nos revela, además, que él sintetiza el efecto de varios procesos simultáneos: la integración y la creciente intercomunicación de los mercados; la reciente difusión de tecnologías de información y datos; la creación de redes y "supercarreteras" computarizadas; la transformación de las estructuras administrativas; la reingeniería de las entidades y empresas que comercializan desde chicles hasta satélites espaciales; la interconexión masiva de las telecomunicaciones; la amplia difusión de medios que combinan la voz, el vídeo y el procesamiento de información ("multimedia"); pero, sobre todo, la transferencia y reubicación casi instantánea de unidades de producción y servicios para atender cualquier aumento en la demanda de bienes nuevos o mejorados.

El mundo del futuro, visualizado por tantos, ya está aquí...

Al menos así se ve en Asia. La nueva era de la globalización ha traído varias transformaciones, además del fenómeno de internacionalización y difusión de relaciones, comercio y tecnologías. Una de ellas es que las firmas que sobreviven al cambio y que han tenido éxito lo han logrado pasando de producir grandes volúmenes de productos baratos a producir menores volúmenes de productos de alta calidad y alto valor agregado[1]. Otra es la pérdida del concepto de producto o servicio asociado exclusivamente a un solo país. Ya no existen productos exclusivamente japoneses o alemanes o estadounidenses, pues todos ellos implican diseño, partes, ingeniería y distribución de muchos países. En la economía que está surgiendo, que no depende sólo de grandes escalas de producción, cada vez son menos los productos de una sola nacionalidad. Por ejemplo, los aviones de la Boeing se diseñan en los EE. UU. y se ensamblan en cinco países: los alerones cónicos provienen del Canadá, partes del fuselaje se hacen en la China e Italia, las alas son de Indonesia y las turbinas se fabrican en Inglaterra. ¿Son, entonces, un producto estadounidense o de otros países? ¿Acaso importa? Otro ejemplo: los automóviles Le Mans, de la General Motors, se venden a 13 000 dólares la unidad. De ellos, 3 000 van a Corea por trabajos de ensamble; 1 750 al Japón, que provee motores, ejes, piezas y componentes electrónicos; 750 a Alemania, por ingeniería de diseño; 250 a Inglaterra, por mercadeo y publicidad; 400 a Taiwán y Singapur, por partes y componentes eléctricos, y 50 a Barbados, por procesamiento de datos y archivos de producción.

Los grandes obstáculos que deben salvarse en los nuevos mercados globales — cuyos "hilos conductores" y red de comunicación la forman los facsímiles, los computadores, los satélites, los monitores de alta resolución y los módems — no son ni los volúmenes que han de producirse o los precios que han de cobrarse. Son la tecnología y los mercados mismos. La tecnología, porque cambia velozmente; y los mercados porque, a pesar de que

---

[1] Según el documento "Technology and the Economy" de la OECD, París, 1992. Documento resumen, pág. 209.

se expanden cada vez más, se hace más y más difícil penetrarlos. (Véase recuadro 3, página 32).

En 1980 el 80% de un computador era su *hardware* (parte física); en 1994 el 85% lo constituía el *software* (programas y redes de interconexión). Aunque los EE. UU. han sido el mercado principal de consumo de computadores, hoy sólo representan el 38% del consumo mundial. El A-P no es sólo el principal productor de *hardware* sino que, consumiendo el 22% de todos los computadores, se prepara para aumentar su capacidad productora de *software*.

Ya no se puede, como en el pasado, continuar definiendo un producto o servicio como nacional o extranjero. Por eso los países que decidan globalizarse deben concentrar su atención en aportar mano de obra calificada o servicios de ingeniería o tecnología o infraestructura de fabricación para producir cualquier pieza o repuesto, para ensamblar o, incluso, para prestar un servicio dentro de la infinita cadena de productores internacionales.

Durante la segunda mitad del presente siglo las relaciones económicas internacionales fueron realizadas esencialmente por compañías subsidiarias y "enclaves" de producción de compañías subsidiarias de grandes conglomerados americanos o europeos. Ellos representaban exclusivamente los intereses de compañías manufactureras de sus países de origen, como los EE. UU., Inglaterra, Francia, Alemania y Holanda. Posteriormente, en los años 60 y 70, se consolidaron el gran crecimiento y la expansión de las compañías transnacionales y multinacionales. Las primeras, instalando unidades de producción en otro país, y las segundas, estableciendo relaciones de producción, finanzas, servicios y comercio con más de un país. Sin embargo, las compañías matrices mantenían el poder central de decisión y los intereses que prevalecían eran los de los accionistas de la casa matriz. Por ello el origen y la identidad de tales compañías se refirieron siempre a un solo país. Hoy ya no es así. Las compañías multinacionales y transnacionales han sufrido otra mutación. Se han globalizado. Ya no son de ningún país; pertenecen al que brinda la mayor tasa de retorno y garantías; con ello su poder económico se ha

Recuadro 3
La difícil realidad de... exportar

Mucho se ha enfatizado sobre la imperiosa necesidad de exportar. Algunos, incluso, afirman con contundencia que en el mundo actual se trata de exportar o morir. Los países del Asia-Pacífico así lo entendieron, y la historia les da la razón. Pero para todo país que apenas ahora, cuatro decenios después de iniciada la primera ola de internacionalización y preparación para la globalización, decida hacer de la exportación su principal actividad económica y fuente vital de recursos para el desarrollo, el panorama es diferente. Éste no sólo tiene más obstáculos sino es más difícil. No es sólo que el mundo de hoy sea más complejo sino que está más competido; y más protegido. Aunque la retórica diplomática y política asegura que han disminuido las barreras que impiden la fácil transferencia y el flujo de bienes y productos de un país con otro, la realidad es otra. Si bien las barreras arancelarias (léase: barreras formales) han cedido a la presión de los países y foros económicos como el GATT y los capítulos regionales de integración comercial, las barreras y los obstáculos no arancelarios han ido creciendo con el tiempo.

Hace un decenio, cuando los países del A-P se lanzaron a conquistar mercados, éstos eran de difícil acceso y poca comunicación. Pero hoy es todavía más difícil penetrar en los nuevos mercados, por los obstáculos que cada cual impone a la libre entrada de bienes, productos y servicios. El mundo presenta hoy más obstáculos y más restricciones comerciales que en cualquier época anterior, aunque se crea lo contrario. Es fácil constatar el incremento de las verdaderas trabas al libre comercio internacional y cómo los 24 países más desarrollados del mundo (OECD), los de la U.E. (Unión Económica Europea), los EE. UU. y el Japón ponen hoy más restricciones no arancelarias a los productos de importación que hace más de quince años. Esta tendencia, contraria a la retórica común, es el resultado de factores políticos internos, especialmente en los sectores agropecuarios. La mayor conformación de bloques regionales y zonas de libre comercio ha ayudado a disminuir barreras arancelarias pero poco ha hecho en cuanto a las no arancelarias... que siguen siendo la gran traba al libre comercio internacional.

multiplicado, superando en mucho a varios países desarrollados y a todos los países en vías de desarrollo. Su sola capacidad de vender (competitividad) supera a las grandes superpotencias económicas (véase recuadro 4) y no hay siquiera punto de comparación de los niveles de tecnología y productividad que ellas poseen con los que presentan los mercados internos de los países anfitriones.

Recuadro 4

Compañías multinacionales

En reciente informe sobre inversión mundial (World Investment Report) de las Naciones Unidas (UNCTAD) se registra que existen 37 000 compañías multinacionales (CM) operando con 200 000 empresas afiliadas o sucursales. Los acumulados de estas compañías suman 5.5 trillones de dólares, o sea que juntas formarían un país más grande que cuatro Alemanias o dos veces el Japón y ligeramente superior a los EE. UU. De estos activos, el 60% está controlado por sólo cien compañías, y veinte de ellas controlan el 40% de las ventas de bienes y servicios. Si se combinaran en una sola clasificación las 40 mayores "entidades" del mundo (entendiendo por "entidad" un país o una CM), las cinco primeras más grandes serían países y las cinco siguientes serían CM, todas japonesas. La comparación es imperfecta pero útil. Si el puesto en la tabla lo da el volumen de exportaciones (para los países) o de ventas (para las CM), 12 de las primeras 20 entidades son compañías y las siete últimas clasificadas son países. Las CM se han ido concentrando, cada vez con mayor énfasis, en la producción de artículos de alta tecnología para el mercado internacional. Tal es el caso de Singapore Telecom; Telecom de Malasia; NTT del Japón; Singapore Airlines; Hyundai y Lotte de Corea; Formosa Plásticos y Acer de Taiwán; Chaebol de Tailandia, etc. En el A-P, Japón es, en este aspecto, único por su magnitud. Las seis principales comercializadoras del Japón venden al año 958 billones de dólares. Es decir, casi un trillón de dólares.

Las multinacionales emplean a 73 millones de personas, pero el 60% de ellas trabajan en el país de origen de las compañías. El 40% restante, que trabaja en las afiliadas o sucursales, representan sólo el 1% de la fuerza laboral del mundo.

Las dos características más sobresalientes que nos enseñan las CM son: que la innovación es la base del éxito y que la tecnología no es sólo una forma de "reducir" el tamaño del mundo sino que es la mercancía más preciada (y más perecedera) hoy día. A pesar de haber hecho carrera la noción según la cual las pequeñas y medianas empresas son las responsables de buena parte de la innovación y de la creación de empleo (de ahí la expresión *"small is beautiful"),* estudios recientes muestran (por ejemplo, el estudio de Bennet Harrison, *Lean and Mean,* Basic Books) que el 75% del empleo lo generan empresas de más de cien empleados y que la innovación, mejora de infraestructura, entrenamiento y trabajo de presentación se hace con mayor éxito en las CM.

Características de la globalización

El proceso de globalización tiene características cualitativas y cuantitativas especiales que lo diferencian de los procesos de transnacionalización y multinacionalización. Entre las primeras se destacan las siguientes: la producción se realiza en el lugar que ofrezca más "ventajas competitivas"; la empresa no tiene necesariamente un país de origen; las fuentes de abastecimiento y manejo *(management)* obedecen a directrices tomadas en varios centros de decisión localizados geográficamente en diferentes puntos del planeta; la inversión es totalmente "móvil" a corto plazo, por cuanto no implica grandes obras de infraestructura física o ataduras a largo plazo; el período de maduración y evaluación de la inversión es generalmente menor de dos años. La mano de obra calificada, la facilidad de información, la seguridad y la buena infraestructura de servicios públicos son las variables de más alta valoración cuando las nuevas empresas globales toman la decisión de hacer inversiones o simplemente de actuar temporalmente en tal o cual lugar del planeta.

Este nuevo proceso de globalización ha sido posible gracias a la expansión sin precedentes del comercio internacional subsiguiente al estímulo de la "apertura" económica y ha marchado paralelo a la privatización y liberalización en Europa Oriental, la Unión Soviética, Alemania, la China, la India, Indonesia y gran parte de Latinoamérica. La dinámica, sin embargo, fue introducida por los países del A-P a principios del decenio pasado. Este fenómeno ya abarca a más de tres mil millones de personas y entraña una economía varias veces más poderosa que la de los EE. UU.

Otra característica de este fenómeno es que no sólo las empresas se han globalizado sino también los países. Éstos, como tales, se han incorporado resueltamente a este proceso. Según la opinión de analistas económicos, la globalización ha marcado "el cambio más espectacular de la geografía capitalista en toda la historia"[2]. Nunca antes se había registrado un caso como el de Singapur, que comercializa con el exterior el equivalente a más de tres veces de su PIB[3]. O como el de Mauricio, país que fue totalmente absorbido por su propia zona franca. Tampoco se había visto nunca el caso de un país como el Japón, que entre 1990 y 1993 logró un superávit anual comercial de 130 mil millones de dólares, exportando sólo el 12% de su producto interno bruto. O como el de la China, que gracias a sus exportaciones duplicó el ingreso per cápita en dos años (EE. UU. lo hizo en 90 años, Inglaterra en 60, Alemania en 40, el Japón en 20 y Malasia en 10). Obviamente, detrás de los países están las empresas. Good Year sostiene orgullosamente que sus productos ya se hallan situados en los siete continentes (contando a Groenlandia y la Antártida) y en la Luna. Las ventas de las

---

[2] James Abbedglen, profesor de la Universidad Sofía de Tokio, consultor y autor de varios libros sobre temas relacionados con el Japón y Asia. Entre ellos se destacan *Kaisha (Firma japonesa)* y *Sea Change (Marea alta)*. Es quizá quien acuñó el término *Japan Inc.*; para significar que el Japón funciona como una sola empresa donde el sector público y el sector privado trabajan mancomunadamente por un solo objetivo: vender más. En su último libro es categórico en afirmar que "quien entre al Japón es capaz de conquistar el resto de mercados del Asia-Pacífico".

[3] PIB = producto interno bruto o producto geográfico bruto, equivalente al valor total de la producción de cada país en un año.

subsidiarias de las compañías estadounidenses son tres veces mayores que el valor total de las exportaciones de los EE. UU. Con algunos pocos ejemplos sencillos se puede sintetizar el alcance de la globalización: en los últimos cinco años se han instalado 19 millones de kilómetros de fibra óptica, suficientes para darle quinientas vueltas al mundo. Hoy en día se realizan transacciones anuales en los mercados mundiales por cinco trillones de dólares; es decir, por una suma igual al 15 por ciento de todo lo que se produce en el mundo (33 trillones). En los mercados financieros, un trillón de dólares cambia de manos todos los días con una velocidad casi inimaginable. Nunca antes tanta gente, tantos países y en magnitudes tan significativas habían participado de un fenómeno como éste. Sin embargo, sólo el 40% de las personas y el 60% de los países forman parte de esta vertiginosa globalización de intercambio de bienes y servicios.

El resultado neto para todos esos países es una mayor estabilidad y menos probabilidades de que todos los sectores de la economía entren en *boom* o en "recesión" al mismo tiempo. La revolución en la información y las redes de datos ha creado los instrumentos para agilizar y hacer más flexibles las decisiones. Se conoce que algunas compañías han multiplicado por varios dígitos su productividad total (de capital y de mano de obra) requiriendo menos capital de trabajo para obtener el mismo nivel de ventas. Tres de las diez mayores compañías estadounidenses dedicadas a la microelectrónica y a la tecnología de computadores importan más del 50% de su producción y al mismo tiempo han reducido entre un 15% y un 25% su planta de personal. Con ello aumentaron sus exportaciones en un 40% y sus utilidades en un 70%. G. E. Lighting cerró 26 de sus 34 almacenes de depósito y reemplazó 25 centros de servicios por uno central, después de aumentar la capacitación, realizar una restructuración administrativa y mejorar los estímulos al personal de producción, con incrementos en la sistematización y en los salarios. Algo semejante comienza a suceder en el Japón y Corea del Sur. Aunque estos casos aparecen en las publicaciones periódicas como hechos aislados, forman parte de algo que no se puede negar: la real y creciente tendencia hacia la globalización. ¡Ésta ya llegó y va en aumento vertiginoso!

La globalización ha traído también una expansión inusitada de los mercados financieros. Gracias a ellos se han podido traspasar más fácilmente las fronteras de los países. Hoy día el mercado financiero asiático mueve anualmente 10 trillones de dólares o, lo que es lo mismo, diez millones de millones de dólares, suma equivalente al doble de toda la economía de los EE. UU. Asia, con el Japón y Taiwán a la cabeza, son aportadores netos al flujo financiero internacional con cerca del 20%. Si Nueva York tiene el mayor mercado de capitales, con 4.05 trillones de dólares, le siguen Tokio (3.5 trillones), Londres (1.1 trillones), Francfort (405 billones) y Sydney (240 billones). Después están —en su orden— Taipéi, Kuala Lumpur, Seúl, Singapur y Bangkok, todas capitales de países del A-P. Esta comparación se ilustra en el gráfico 8 y muestra no sólo la magnitud del fenómeno sino la importancia de la participación de los países asiáticos.

También la globalización ha impuesto el conocimiento (es decir, la tecnología) como la más importante variable dentro de la nueva función de producción global[4]. "El conocimiento es el hilo conductor que guía todo movimiento de capital en la actualidad", sostiene George Shultz, ex secretario de Estado estadounidense, y agrega: "Para las nuevas generaciones, yo recomiendo que las economías sean abiertas [...] democráticas [...] intercomunicadas y basadas en la cooperación"[5].

Como bien se sabe, durante los años 80 se aceleró, como nunca

---

[4] En sentido estricto, el factor tecnológico siempre ha formado parte de las funciones de producción clásicas, e incluso de otras recientemente propuestas. Pero nunca antes este factor, que afecta al capital o a la mano de obra o a ambos, había adquirido la importancia *per se* que tiene hoy en día con la globalización de la economía mundial. Actualmente la tecnología es también un producto negociable en el mercado, bajo el control de un rígido oligopolio de países que la producen y la comercializan: los EE. UU., el Japón, Alemania, Francia e Inglaterra, fundamentalmente. Pero la transferencia tecnológica *no* es un flujo natural e indiscriminado de conocimiento hacia los países en vías de desarrollo. Es un *commodity* que se vende caro y sólo a quien ofrece garantías y perspectivas futuras.

[5] "Facing the Future", discurso de George Shultz ante la Asociación de Economistas de Indonesia, Yakarta, 11 de julio de 1988.

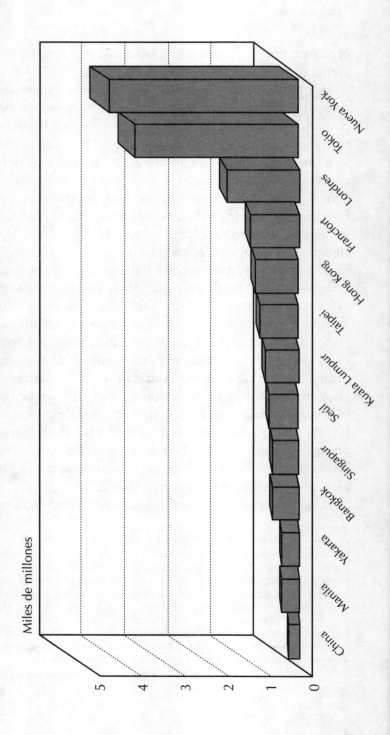

GRÁFICO 8

Comparación de mercados de capitales

antes, en escala mundial, la internacionalización de la economía y del comercio interregionales. Se agilizaron así los procesos que hicieron posible que economías nacionales que anteriormente funcionaban en forma más aislada e independiente se interrelacionaran y se volvieran interdependientes hasta un grado antes no registrado[6]. Tres factores desempeñaron un papel decisivo en este fenómeno. El primero fue la liberalización de los mercados financieros internacionales y, consecuentemente, su rápido viraje hacia las operaciones globales. El segundo fue el desarrollo de nuevas tecnologías que presionaron hacia el incremento en la fabricación de "nuevos" productos y servicios. El tercero fue el papel catalizador que ejercieron las compañías multinacionales y los países asiáticos exitosos incrementando su actividad exportadora y participando en los flujos de transferencia y comercialización de tecnología. En todos estos tres factores aparece, por primera vez desde los últimos casos de colonización, la noción de país como ente clave, como unidad económica, formando parte de este fenómeno como el actor principal de esta nueva realidad. Los países vuelven a ser el centro de atención y de acción. Es precisamente en ellos y alrededor de ellos donde se está llevando a cabo la mayor transformación económica mundial de la historia. Como dijo George Shultz, tal es el fenómeno llamado globalización.

La globalización de países y de empresas multinacionales representa la fase superior del proceso de internacionalización y expansión de la producción. Desde mediados de los años 80, una proporción cada vez más grande de valor y riqueza comenzó a ser producida y distribuida alrededor del mundo a través de un sistema de interconexiones de empresas y países en vías de transformación. Esto fue posible porque las naciones se volvieron más interdependientes, sin que para ello no fuera obstáculo la distancia entre países desarrollados y países en vías de desarrollo. De hecho, en la globalización muchos países están encontrando una salida

---

[6] El comercio internacional se triplicó entre 1980 y 1990, a pesar de las crisis en Europa Oriental y la Unión Soviética y las recesiones en los EE. UU. y el Japón.

al desarrollo desigual y polarizado. Entre ellos se cuentan la mayoría de los países del A-P y algunos países latinoamericanos y del Oriente Medio. Sin embargo, más de la mitad de la población del planeta todavía no participa del proceso de globalización de la economía mundial. Muchos países van quedando alejados de los mercados financieros globales y de los mercados de bienes y productos por su incapacidad de acceso a la tecnología. Se va generando así un círculo vicioso, pues la inversión extranjera y los flujos de capital no van a los países sin tecnología, y, al mismo tiempo, no tienen posibilidades reales de desarrollarla y asegurarla. El futuro de muchas economías y sistemas políticos en desarrollo es visto con escepticismo por los inversionistas internacionales, al no percibir éstos un claro compromiso de los gobiernos con las políticas de exportación, la transferencia de tecnología y el respeto a los acuerdos internacionales sobre derechos de propiedad y patentes. La globalización exige también la necesidad de crear un verdadero estado de derecho, de respetar las reglas del comercio internacional y de comprometerse irrestrictamente con el fomento de la competitividad y la calidad en los procesos de producción de bienes y servicios. Los que no cumplan estos requisitos irán quedando relegados al mismo club al que pertenecen Corea del Norte, Haití, Laos, Burundi, Zimbabue, Nepal y otros tantos países del tercero y cuarto mundos.

Los países de Asia y la globalización

Los países del A-P no sólo percibieron temprano el fenómeno de globalización sino que lo aceleraron. Por ello, si uno se pregunta en qué consistió lo que tan exitosamente hicieron los países de Asia, tendría que responderse: Primero, para ellos fue un dilema de vida o muerte asimilarse o no a las primeras tendencias de producción e intercambio comercial globales aparecidas en los años 60. Observaron con atención las circunstancias cambiantes de los mercados de los EE. UU. y Europa y, a fin de ajustarse a ellas, trazaron estrategias económicas y políticas industriales.

Segundo, tanto los gobiernos como el sector privado y la población en general, asumieron un verdadero *compromiso* con el desarrollo. Ello implicó comprometer recursos, políticas y esfuerzos económicos hacia objetivos concretos de modernización, de incorporación de nuevas tecnologías y de eficiencia global. En el A-P entendieron que el desarrollo tiene muchas más posibilidades de éxito si es el producto de la acción conjunta y concertada de los diferentes sectores de la sociedad, tal como sucedió en el Japón, los NIE y los ASEAN[7] en sus correspondientes "olas" de desarrollo. Si es compromiso de todos, y para beneficio de todos.

La globalización no parece ofrecer otra alternativa que adoptarla o resignarse a quedar al margen del más importante proceso de transformación económica global. Los países asiáticos se adelantaron haciendo enormes esfuerzos y asumiendo grandes costos para internacionalizarse. En los otros países en vías de transformación, sin embargo, a excepción de los esfuerzos de un pequeño grupo de países, no se ve un proceso tan decidido y arrollador como se observa en el Oriente. Desde los años 70 y 80, los países asiáticos entendieron que estaba por llegar una época sorprendentemente dinámica, de inmensos retos y de oportunidades comerciales sin precedentes. También que en los años 90 se reestructuraría totalmente la economía mundial y se aumentaría el actual comercio mundial en un volumen mayor que el que producen conjuntamente, en un año, los EE. UU., Alemania y el Japón. Mickey Kantor, secretario de comercio de los Estados Unidos, calcula que una vez entre en pleno funcionamiento la nueva Organización Mundial del Comercio —WTO—, el planeta generará en menos de un cuarto de siglo riqueza nueva igual a la de un país como los EE. UU. Ante esta realidad, los países asiáticos se apresuraron a vincularse a la globalización, puesto que

---

[7] NIE *(Newsly Industrialized Economies):* Son las economías recientemente industrializadas de Asia, llamadas también 'Tigres' o 'Dragones Asiáticos'. Los NIE son los ASEAN más Corea y Taiwán.

Por otra parte, los ASEAN *(Association of South East Asian Nations)* son: Singapur, Tailandia, Indonesia, Filipinas y Brunei (próximamente Vietnam y Birmania), conocidos como la Asociación de Países del Sudeste Asiático.

ésta constituiría la oportunidad que veían para sacar ventaja a otros países con más recursos y potencial pero que parecían en ese momento demasiado preocupados por construir barreras de protección y consolidar sus mercados internos. Era la oportunidad para entrar en el futuro... y así lo hicieron desde hace ya más de dos decenios.

Empezamos a vivir en un mundo en donde la competitividad internacional y la división internacional del trabajo son cada vez más el resultado de *políticas económicas* nacionales y *logros empresariales* y no de la existencia de recursos naturales o de abundante mano de obra barata. Aunque la competencia ya no está limitada a las fronteras nacionales, el papel de los gobiernos y el concepto de nación se hallan plenamente vigentes. Son los gobiernos los que, conjuntamente con las empresas privadas, pueden incorporar y hacer uso eficiente de su patrimonio comercializable. Como parte de tal patrimonio están el conocimiento, la información y el acceso a los mercados. Como activos están los recursos tecnológicos, al igual que financieros, que son los que facilitan la comercialización de los productos y servicios. Para los países del A-P, fue vital concentrar la atención en la creación de nuevas ventajas competitivas que, junto con sus ventajas comparativas, les permitieron mantenerse competitivos en forma continua. Entendieron la importancia de tener en cuenta que las estrategias, y más aún las estrategias globales, no son indefinidas ni estáticas; que los ciclos de producción mundial y la vida de los mercados son cortos; que las empresas y los países tienen que diseñar sus estrategias de acuerdo con la industria o el grupo de industrias en que pueden competir con base en sus propias limitaciones, ventajas y recursos. La estrategia global culminó en una combinación de elementos de estrategia de producción, de compra de tecnología, de ahorro nacional, de inserción en ciertos "nichos" del comercio internacional y de canalización de inversión extranjera directa que permitió a los países del A-P competir en el mercado global vendiendo, no lo que ellos producían o les sobraba, sino lo que los otros necesitaban.

Los gobiernos de los países del A-P, en colaboración con el

sector privado, concibieron una política industrial o de desarrollo tecnológico según la cual todas las industrias capaces de aplicar viejas ventajas comparativas y nuevas ventajas competitivas fueron incentivadas a exportar. Se estimularon aquellos sectores de la producción mundial en los cuales los países desarrollados eran ya débiles, o en industrias en las cuales, aun siendo todavía fuertes, otros participantes podían volverse competitivos en ciertas fases del proceso o complementando a los exportadores tradicionales. Gran parte de los recursos, y aun de los subsidios disfrazados, de los países del A-P se encauzaron hacia el desarrollo de esas industrias exportadoras; industrias que enfrentaron el reto de capacitarse para aumentar permanentemente su competitividad, productividad, eficiencia, calidad y diseño, hasta obtener productos de la más alta calidad con bajos costos de producción. Estos estímulos adoptaron formas y magnitudes diferentes en cada país: subsidios en crédito en Taiwán, bonos en la tasa de cambio en Corea, compras estatales en el Japón, crédito disponible en Singapur y Hong Kong y pagos para promoción en Malasia.

Las exportaciones, fuente de la globalización

No es del caso entrar a discurrir si la globalización motivó la reorientación de las economías hacia la exportación o si, por el contrario, fue la gran dinámica de crecimiento de las exportaciones iniciadas hace cuatro decenios por el Japón lo que contribuyó a la globalización de la economía mundial. Basta con reconocer el gran peso e importancia de las exportaciones dentro del contexto global actual. En 1994 el mundo produjo 33 trillones de dólares, de los cuales el 21.5% correspondieron al NAFTA (el bloque formado por los EE. UU., el Canadá y México); el 18.4% a la Unión Europea (U.E.), y el 52% a la Comunidad de Países del Pacífico (APEC). De estos tres bloques, es el de la APEC, compuesto por 18 países, el que ha tenido un crecimiento más rápido: representa el 40% de la población mundial y el 55% de las exportaciones mundiales. Pero dentro de la APEC se encuentran dos grupos cuyas cifras de crecimiento y magnitud de las exportaciones son aún más impresionantes: los países del A-P y de la ASEAN, comúnmente llamados los "Tigres Asiáticos". Los diez países del A-P, y entre ellos los seis países de la ASEAN, tienen las economías más dinámicas y de mayor contribución al crecimiento de la región. El A-P pasó de tener el 18% del ingreso per cápita de la "región de referencia" (Europa, EE. UU. Australia y Nueva Zelanda) en 1960 al 86% en 1988: sólo 18 años después, según la tabla 1. En el año 2004 la participación en el total de la producción mundial será de 25.8% para los países del A-P y

Tabla 1
Evolución comparativa de varios países

Región de referencia	Índice*			
	1938	*1960*	*1980*	*1988*
Europa Noroccidental				
Australia, Nueva Zelanda	100	100	100	100
Asia del Este				
Japón	21	23	76	118
Corea del Sur	n.d.	8	23	50
Asia-Pacífico	8	18	49	86
Europa del Sur				
Italia	32	37	61	75
España	42	19	48	43
Yugoslavia	41	28	23	14
América Latina				
Brasil	12	20	16	12
Colombia	16	12	9	14

* El índice es el PIB per cápita ponderado por la población de cada país y como porcentaje del de la región de referencia.

n.d. No disponibles.

Fuente: Excepto para Brasil y Colombia, G. Arrighi, *World Income Inequalities and the Future of Socialism,* Bkaudel Center, Bringhanton, N. Y.; Sunny.

de 1.4% para los de la ASEAN. En la tabla 2 también se observa cómo los NIE multiplican por dos el porcentaje de participación en el PIB mundial, y la China ¡por más de 8 veces!

Como se observa en el mapa 2, titulado "Los tres bloques comerciales más grandes del mundo", la contribución de las exportaciones manufactureras del A-P representa el 72% del mercado global entre los tres polos económicos más dinámicos del mundo: NAFTA, U.E. y A-P. También, como puede apreciarse en las tablas 1 y 2, el gran crecimiento hacia el futuro lo tiene Asia, con el Japón, La China, los NIE y los países de la ASEAN a la cabeza. En cuanto a América Latina, aunque retomará algo del ímpetu que perdió en los años 80, su reactivación no tiene la magnitud ni la dinámica para jugar de titular en lo que podría ser una selección mundial de países exportadores. Según proyecciones de la Agencia de Planificación del Japón, los otros ocho

Tabla 2
Perspectiva del PIB en el año 2004.
Participación en el PIB Mundial

Países	1980	1993	2004
		(porcentajes)	
Japón	8.90	13.40	14.00
China	0.80	2.20	8.30
NIE	1.20	1.60	2.10
ASEAN	1.30	1.10	1.40
Subtotal Asia-Pacífico	12.20	18.30	25.80
EE. UU.	23.00	23.80	23.20
U.E.	23.40	18.70	17.70
América Latina	4.20	4.00	4.40
Otros	37.20	35.20	28.90
Total (%)	100.00	100.00	100.00

MAPA 2

Los tres bloques comerciales más grandes del mundo

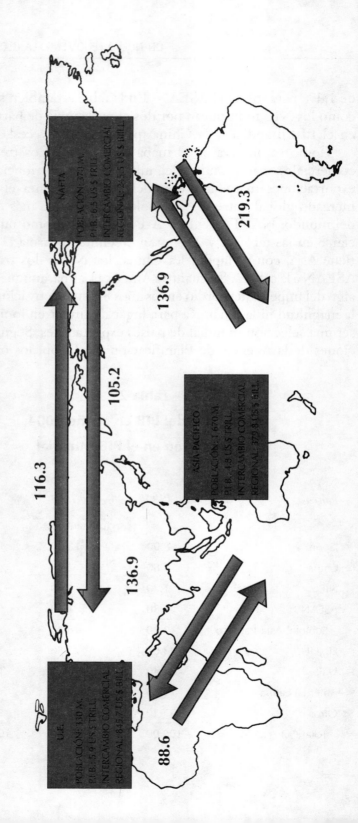

países asiáticos del A-P (NIE y ASEAN, menos la China y el Japón) serán en el año 2001 casi tan importantes y poderosos —comercialmente hablando—, como los 35 países de América Latina y el Caribe, y en el 2004 el A-P superará a la Unión Europea.

La China fue quizá por más de tres mil años, hasta 1845, la primera economía del mundo. Le sucedió Inglaterra, gracias a la Revolución Industrial. Pero la China es hoy por hoy la séptima economía del mundo en tamaño y, según proyección del Banco Mundial, podría ser —nuevamente— la primera en el año 2015, de continuar con su tasa de crecimiento actual. Con la globalización, ya se percibe en Asia la reaparición de las culturas que dominaron el escaso comercio mundial hace cientos de años. Con una nueva mentalidad y una dinámica arrolladora, Asia es actor principal y escenario de los nuevos fenómenos económicos de dimensión global. Así como hubo un imperio indio con Azoka y uno romano con Augusto César; así como dominaron Gengis Kan desde Pekín y Solimán desde Constantinopla, aparece hoy un nuevo imperio económico que es 30% mayor que el NAFTA y 52% más poderoso que la Unión Europea. Aunque todavía no se perfila un nuevo "emperador" o líder asiático dominante, no puede desconocerse la gran influencia de Deng Xiaoping, de la China; Lee Kuan Yu, de Singapur, o Mahatir, de Malasia. Es en Asia donde la actividad económica se halla en mayor ebullición que en cualquier otra parte del mundo. De esto deben tomar conciencia las otras regiones, no tanto para contrarrestar este proceso como para hacerse partícipes activas de esta nueva realidad.

La "visión" económica del Asia-Pacífico

Si bien el A-P no cuenta todavía con un líder político, la región ha tenido en el Japón, desde 1960, su líder económico. El A-P, que en 1960 representaba el 4% del total de la producción mundial (PIB) y comercializaba el 18% de su producción en 1970, ha ido avanzando aceleradamente hacia su consolidación económica, hasta representar en 1980 el 12% de la economía mundial, actualmente el 19% (1995) y, según los pronósticos, el 33% en el año 2015. A pesar de tener una estructura política incipiente, la región cuenta ya con su propia visión económica, según la cual se percibe a sí misma como gigante. Es sorprendente cómo los miembros de NIE y ASEAN son conscientes de la necesidad de seguir creciendo 65% más rápido que el Japón y tres veces más que los EE. UU. La "esquina" nordeste de esta región, compuesta por el Japón, Corea del Sur y Taiwán, produce las dos terceras partes de los automóviles exportados del mundo. Los japoneses por sí solos controlan el 40% del mercado de automóviles y pronto estarán controlando el 45%, a pesar del 35% de revaluación del yen en los últimos dos años. En su visión, estos países han incorporado el concepto de cambio permanente. Así como la industria de los automóviles ha sido la industria del siglo XX, las industrias de telecomunicaciones, medio ambiente y electrónica serán, para ellos, las del siglo XXI. Por eso ya los tres países del nordeste asiático más Hong Kong y Singapur concentran las dos terceras partes del mercado mundial de todos los aparatos electrónicos de uso doméstico y la mitad de todos los componentes (repuestos) para aparatos electrónicos y mecatrónicos del mundo. El A-P tiene una posición de liderazgo en la producción de acero, textiles, máquinas y herramientas, barcos y juegos de computador.

La región comprendida por el sur de la China, el Japón, NIE y ASEAN posee 800 millones de habitantes con un ingreso per cápita igual a cuatro veces el de un país como Colombia. Los 51 millones de chinos que viven fuera de la China continental tienen una riqueza (PIB) de 250 billones de dólares. Entre los cien personajes más ricos del mundo, 37 son del A-P, región cuyo ingreso per cápita promedio es casi igual al de Israel. Durante los diez próximos años, al menos, la China seguirá siendo una sola amalgama geográfica de varios mercados separados pero con una sola identidad regional. Su esfera de influencia ya superó al poder económico combinado de Alemania, Italia, Gran Bretaña, España y la península de Escandinavia.

El Japón, que erradicó la pobreza hace más de tres lustros,

produjo en los últimos cinco años el equivalente a una nueva Francia. De seguir así, el A-P erradicará la pobreza en menos de 18 años. De hecho, tal como lo muestra la tabla 3, en veinte años —entre 1970 y 1990— se redujo la pobreza absoluta de 35% a 10%, o de 400 millones a 180 millones de personas. Fueron el desarrollo intraindustrial y el comercio interregional las fuerzas impulsoras y generadoras de una amplia nueva clase media económica en Asia. Más que las ventajas comparativas existentes han sido las nuevas ventajas competitivas creadas las que han dado este impulso sin precedentes y con tan positivos frutos económicos. Claro está que esta dinámica se halla íntimamente relacionada con el papel de guías que asumieron los gobiernos en este proceso; con la participación creciente y dinámica de la opinión pública, que ya comparte la visión colectiva en favor del crecimiento y la distribución de los beneficios; con la globalización de los mercados de capital, de trabajo, de investigación y desarrollo tecnológico; con el surgimiento de la calidad en el diseño, fabricación y empaque de los productos; con la importancia dada a la distribución y a las comunicaciones. Todo esto ha hecho que los tres únicos recursos que son realmente locales o endógenos de la región —es decir, la mano de obra, la capacitación y la infraestructura física— tengan especificaciones de nivel internacional. Todo lo demás viene de afuera, se transforma y se reexporta. La

Tabla 3
Reducción de la pobreza absoluta en el Asia-Pacífico, 1970-1990

Año	Incidencia* (%)	Número** (millones)
1970	35	400
1980	23	300
1990	10	180

*Porcentaje de la población total que está bajo la línea de pobreza absoluta.
**Número de personas clasificadas con nivel de pobreza absoluta.

49

experiencia ha enseñado a los países del A-P que la inversión extranjera es desleal e inestable, que se puede desmantelar con mucha facilidad y trasladarse a otro país en cuestión de pocos meses o aun de semanas y que es, en resumen, un mal necesario. Como resultado de lo anterior, la tecnología debe ser eminentemente nacional, aunque con fuentes de alimentación extranjeras. Por ello lo verdaderamente sólido se tiene que crear internamente: inversión y recursos humanos nacionales. Es lo que ha dado fortaleza y estabilidad al proceso de crecimiento económico del A-P.

Los países asiáticos actuaron inicialmente sobre la premisa de que la inversión "dura" (infraestructura, capacitación, disponibilidad de recursos financieros) debe ser aportada por el gobierno de cada país. Y la inversión "blanda" (tecnología), en cambio, la tienen y la transfieren las compañías multinacionales. A éstas, los países del A-P ofrecieron la infraestructura, los centros de capacitación y el compromiso de incrementar la productividad. Los inversionistas extranjeros se limitaron a ayudar marginalmente a mejorar y desarrollar la infraestructura y a fortalecer los centros de formación y capacitación mediante la cooperación técnica y financiera o la ayuda internacional[8] de sus países de origen. Los resultados recientes de las evaluaciones de este tipo de ayuda gubernamental muestran que, en el mejor de los casos, su efecto real es demasiado pequeño y aun contraproducente. Según dice Nordin Soppie, presidente del Grupo de Intelectuales Eminentes Asiáticos, en su *Visión del Asia del siglo XXI*, "en fin de cuentas ha sido cada país el responsable último de su propio esfuerzo y desarrollo". Al entenderlo así, los países del A-P han limitado su dependencia sólo a la cooperación internacional y a los programas de asistencia para su desarrollo tecnológico o inversión "blanda".

---

[8] Los programas de asistencia externa de la ODA (Overseas Development Assistance) del Japón van actualmente a la cabeza en el mundo en cuanto a monto de recursos, los cuales ascendieron en 1994 a cerca de 12 000 millones de dólares. En otros países también existen programas gubernamentales de asistencia técnica y financiera concebidos a imagen y semejanza de los de JICA (Japan International Cooperation Agency) y OECF (Overseas Economic Cooperation Fund).

La mayor parte del esfuerzo es propio. Su mayor tarea en los últimos años ha sido emplear sus propios recursos para comprar, imitar y adaptar nuevas tecnologías de multinacionales extranjeras que dominan los campos del conocimiento y la experiencia industriales.

La construcción masiva de infraestructura en el A-P fue posible gracias, en primer lugar, a altos niveles de ahorro interno. Históricamente, el nivel de ahorro del A-P ha sido de un dólar por cada tres dólares de producción (mientras que en los EE. UU. es de un dólar por cada seis, en Latinoamérica de un dólar por cada diez y en Europa Oriental de un dólar por cada nueve). Los niveles de inversión privada y pública poco tuvieron que depender del endeudamiento externo. En segundo lugar, las reservas internacionales y los excedentes en la balanza de pagos generados por las exportaciones en casos como Taiwán, Singapur y Japón sirvieron para iniciar y sostener un alto nivel de inversión pública. Posteriormente fue el sector privado el que asumió el liderazgo del proceso de modernización de la economía.

Además del ahorro y la inversión, esta región entendió que otros factores desempeñan un papel determinante en su consolidación: el énfasis en la promoción de exportaciones (en lugar de la sustitución de importaciones), el traslado de la producción de manufacturas de menor valor agregado a países vecinos con economías menos desarrolladas y la prioritaria y permanente atención de sus propios mercados internos. Esto último se logró gracias a la distribución amplia de los beneficios del desarrollo.

Aunque no fueron los países asiáticos los iniciadores del fenómeno de la globalización, si fueron los primeros que la pusieron en práctica e hicieron reaccionar al resto del mundo. Antes que ningún otro, descubrieron que la creación de nuevos mercados de bienes y servicios dependen de la capacidad de "ensamble" de tecnologías, diseños y productos ya existentes. Los nuevos mercados se deben abastecer en diferentes puntos de producción, con una gran movilidad del capital y de la mano de obra y con servicios de todas partes del mundo. Algunas tan lejanas, que ni siquiera es posible conocer con certeza sus verdaderos orígenes. En fin de cuentas, la única consideración que verdaderamente resulta importante es la combinación adecuada de calidad, costo y oportunidad; o, lo que es lo mismo, de tecnología, productividad y competitividad.

Tecnología y globalización

Si la globalización surgió inicialmente como un fenómeno comercial y financiero, ello se debe a su más importante vehículo generador e impulsor: el desarrollo tecnológico. Tanto en el Japón como en el resto del A-P, el principal motor para impulsar la globalización fue precisamente el factor tecnológico, que es el verdadero combustible que hace posibles los niveles de alta productividad que caracterizan los procesos de producción de esta parte del mundo. El desarrollo comercial del A-P y su temprana inserción en los mercados globales fue posible gracias, también, a otros factores, como los relacionados con la estructura y la organización de las empresas y la adopción de ágiles sistemas de información. Gracias, sobre todo, a éstos últimos se consiguieron importantes logros en lo que respecta a aumentos de la productividad en la industria, eficaz reestructuración de empresas y reorientación de la producción hacia niveles de mayor valor agregado y competitividad. Finalmente, la política de reinversión de ganancias no distribuidas a los accionistas, durante un plazo relativamente largo, permitió que las empresas tuvieran fuentes estables de financiación propia.

Pero no bastó lo anterior para tener éxito. La globalización exige nuevas adaptaciones y un reajuste permanente del aparato productivo. No sólo hay que superar etapas sino cambiar velocidades. El A-P entró en una segunda fase. No sólo el Asia sino el mundo entero está enfrentando una nueva revolución tecnológica intensiva en productos "inteligentes", tecnologías de información, realidad virtual, *software* para actividades de producción repetitivas, microelectrónica, nuevos materiales, tecnogenética, comunicaciones, etc. En Asia, y especialmente en el A-P, son conscientes de que las nuevas tecnologías deberán desarrollarse sobre la base de esquemas de producción más flexibles y más descentralizados; con estructuras organizativas más difusas y menos jerarquizadas; en mercados más especializados y más segmentados; con producciones de menor escala para satisfacer necesidades más específicas; con ciclos de producción más cortos y, en la mayoría de los casos, produciendo productos "amigos" del medio ambiente o "miniaturizados". Por eso los asiáticos están convencidos de que la alta calidad y el bajo costo de producción no son suficientes para tener éxito en el futuro cercano. Se requiere producir donde se necesita y lo que el mercado demanda, casi al instante, incorporando mano de obra de cualquier parte del mundo y tecnología a la "medida"[9].

Se puede asegurar, entonces, que lo que se avecina será más exigente pero no sorprenderá a los países del A-P, que ya se han preparado para producir y competir con oportunidad y calidad. Se vislumbra una nueva ola de crecimiento en los próximos años. Para enfrentar los nuevos mercados globales se requiere producir nuevos productos con métodos más eficaces, ojalá basados en el "ensamblaje" de tecnologías conocidas.

De acuerdo con el conocido economista estadounidense Robert Solow, premio Nobel de economía, más del 87% del crecimiento de los EE. UU. entre 1700 y 1950 se debió a aumentos en la productividad, atribuibles a mejoras tecnológicas. Según Takeshi Hayashi[10], el Japón demoró sólo 120 años en hacer lo que a los EE. UU. les tomó 250. Ello gracias a la velocidad con que el Japón compró, adaptó y generó cambios en tecnologías ya existentes. Desde 1960 la contribución de la tecnología y la productividad al desarrollo japonés ha sido del 60%. A pesar de que el Japón depende en un 96% de importaciones de materia prima y de que el 95% de la energía es importada, la mano de

---

[9] El gerente de producción de la compañía ACER —una de las principales fabricantes de computadores personales de Taiwán y del mundo— anotaba que un retraso de un mes en llegar al cliente (por ejemplo, a uno residente en México), podría significar una pérdida de 200 dólares, con relación a computadores que la competencia podía enviar directamente desde los EE. UU.

[10] Takeshi Hayashi, *The Japanese Experience in Technology*, U.N. University Press, 1990.

obra y su propio desarrollo tecnológico han sido elementos decisivos y fundamentales para su espectacular desarrollo económico sostenido. En Singapur, país que ha crecido a más del 8% anual desde 1981, los aumentos en productividad en los procesos de diseño, reingeniería, servicios especializados y fabricación de partes y componentes representan más de 3/4 de ese crecimiento. A pesar del crecimiento reciente de la productividad promedio en los EE. UU.[11], su nivel había disminuido hasta el punto de llevar al presidente Clinton a declararlo uno de sus programas prioritarios.

Desde hace más de 20 años los aumentos permanentes de adaptación tecnológica y productividad han sido constante empeño de Asia. En correspondencia con ese empeño, desde principios de los años 80 muchos países del A-P establecieron centros de productividad (*productivity centers*) a imagen del que se creó en el Japón en 1955. Los resultados obtenidos han sido verdaderamente interesantes. Como resultado de la gestión coordinada entre el sector privado, el sector público y el sector laboral, se logró crear una "cultura" de la productividad. Los centros de productividad basaron su acción en las siguientes fases consecutivas:

1. Importación de tecnologías conocidas y maduras.
2. "Fusión" de nuevas tecnologías con las ya adaptadas.
3. "Ensamble" de tecnologías conocidas y creación de nuevos productos.
4. Innovación y desarrollo de nuevas tecnologías.

Una vez que se crearon las bases para un flujo tecnológico constante, y *no antes*, se fraguó la institucionalización de la productividad. Y sólo una vez institucionalizada la productividad se inició la campaña por la competitividad nacional. Esta clasifica-

---

[11] Los EE. UU. habían experimentado incrementos anuales de productividad del 1% anual, en promedio, en los últimos veinte años hasta 1991. A partir de 1992 el incremento anual es de 2%. Estos niveles son bajos comparados con el 4.5% del Japón y el 6% de Taiwán y Singapur. Aunque las diferencias no parezcan significativas, son tan radicales como la que hay entre un automóvil Mercedes Benz y un carro de balineras.

ción de las etapas de desarrollo de T-P-C ni es trivial ni tiene tan sólo fines ilustrativos. En los países del A-P tales etapas se han desarrollado en forma consecutiva. Según la fase de desarrollo tecnológico en que se encuentren, los países se pueden clasificar en tres grandes categorías:

1. Países de alta competitividad y productividad con avanzado desarrollo y comercialización de tecnología básica, como los EE. UU., Alemania, Francia, Inglaterra y, muy recientemente, el Japón.
2. Países de alta productividad, exportadores de tecnología aplicada a procesos industriales. Entre ellos están los mismos anteriores y además Rusia, Ucrania, Corea del Sur, la China, Hong Kong, Suiza, el Canadá, los Países Bajos, Singapur y la India.
3. Países que, sin ser muy competitivos en cuanto a alta productividad, tienen buen éxito en procesos de adaptación e innovación. A este grupo pertenecen Tailandia, Malasia, Filipinas, Indonesia, Pakistán, España, Italia, Grecia, Checoslovaquia, Hungría, Brasil, México, Polonia, Suecia, Noruega y Chile.

Entrar en uno de estos grupos o pasar de un grupo a otro puede representar años de trabajo y costos apreciables. De todos los casos, el más admirable es el del Japón, que en un período menor a un cuarto de siglo pasó de ser líder indiscutible en tecnología industrial aplicada (grupo 2) a ser generador y exportador de ciencia básica (grupo 1). Además, el Japón logró, en medio siglo, erradicar la pobreza, disminuir sustancialmente las diferencias de ingreso, colocarse a la vanguardia de la comercialización de tecnología y tener el mayor ingreso per cápita del mundo. Desde la era Meiji (1870), el Japón concibió la ciencia como algo universal, externo, y a la tecnología, en cambio, como algo que había que generar internamente, si se quería que el país conquistara su objetivo de ser potencia económica y militar. Esto, pensaban los líderes japoneses de la época, se lograría tanto con el desarrollo de tecnología básica y como con la compra y transferencia de las últimas tecnologías aplicadas en Occidente. El Japón, al mismo tiempo que acometía una dinámica campaña para comprar tecnologías maduras, generó una infraestructura de investigación de tecnologías industriales y de readaptación de viejas tecnologías, pues constató repetidamente que la última tecnología no es, necesariamente, la mejor tecnología. La última tecnología requiere grandes inversiones y tiempo de maduración, realidad que la hace casi innaccesible para la mayoría de los países.

Otra diferencia importante que se observa, en relación con la experiencia tecnológica del A-P, radica en su origen mismo; es decir, en la naturaleza de su marco conceptual. Aunque es especulativo asegurarlo, el A-P parece haber desarrollado su política industrial y tecnológica basándose en una concepción *schumpeteriana*[12]. Los países occidentales, por el contrario, se caracterizan por basar su desarrollo tecnológico en una concepción *keynesiana*[13]. Según la concepción schumpeteriana, el desarrollo tecnológico permite combatir la recesión y estimular la producción a través de la innovación de los productos y la adaptación de nuevas ideas de producción. Una forma de conseguirlo es por medio de cambios en la estructura de las organizaciones y del nivel de eficiencia del manejo o gerencia de las empresas.

La concepción keynesiana se caracteriza por la utilización de políticas macroeconómicas para estimular la demanda agregada[14], de tal forma que las empresas produzcan más y saquen a la economía de la recesión. La concepción schumpeteriana —de

---

[12] El término se deriva del apellido de su autor, Joseph Alois Schumpeter (1883-1950), quien teorizó sobre innovación, transferencia de tecnología e imitación o emulación. Según él, mediante el "efecto demostración" e incentivados por lo que otros hacen, las compañías y los países pueden obtener niveles superiores de crecimiento. La apertura y expansión de mercados, la eliminación de barreras comerciales y el cambio tecnológico inducido y patrocinado por el Estado son la fuente del crecimiento sostenido, según Schumpeter.

[13] John Maynard Keynes (1883-1946) es el padre de la intervención del gobierno en la economía a través de la política fiscal o monetaria. Según Keynes, la demanda agregada, eje del crecimiento económico, responde a los estímulos y acciones de la política oficial.

[14] Término económico que denota la suma total del consumo o de los requerimientos (demanda) de los consumidores de toda una economía.

corte microeconómico— genera ganancias extras por incrementos en los precios sólo para las empresas innovadoras y altamente productivas, mientras que si se aplica la keynesiana los aumentos de precios por incrementos en la demanda agregada benefician a toda la economía, incluyendo a los productores ineficientes. En Asia, la innovación y la mayor productividad con orientación schumpeteriana están basadas en estímulos y premios otorgados por el gobierno al sector privado. En Occidente todavía se debate si el gobierno debe o no promover, iniciar y transferir el desarrollo tecnológico, o si el sector privado debe asumir directamente estas funciones. Aunque también allí subsiste el debate en favor o en contra de la participación del gobierno, en la mayoría de los países del A-P se reconoce la bondad de la intervención del gobierno en la incorporación de nuevas tecnologías a los procesos industriales.

A ello se debe la realización de algunos acuerdos que se llevaron a cabo desde los comienzos del proceso de industrialización entre el gobierno, las empresas y los trabajadores. Algunas características de estos acuerdos fueron: compromiso del gobierno de asegurar un buen clima para los negocios; compromiso de las empresas de ofrecer empleo durable o, aun, empleo permanente; *nenko*, o sistema de salarios según años de servicio; negociación salarial realizada por cada empresa y no en escala sectorial o nacional; responsabilidad principal de la empresa en la capacitación técnica y en el entrenamiento de su personal; reconocimiento y premios especiales de acuerdo con las mejoras en la producción; aplicación de sistemas de rotación laboral[15] concebidos para generar en los empleados y los obreros una actitud flexible y receptiva a los cambios tecnológicos y a las innovaciones. Los

---

[15] Estos sistemas se caracterizan por la introducción de la rotación de trabajadores y modelos industriales, para ampliar la experiencia y darle al obrero una visión global del proceso de producción. Por ello, hoy en día es común observar que cada trabajador en la línea de producción maneja varios modelos y tareas al mismo tiempo, lo que requiere habilidad para intercambiar y alternar herramientas y medidas. Esta habilidad y el conocimiento que implica son de vital importancia para detectar defectos y *repararlos* sin esperar a que el jefe de mantenimiento tenga que atenderlos, suspendiéndose la continuidad del proceso.

compromisos incluidos en estos acuerdos reflejan la coordinación permanente entre lo macroeconómico y lo microeconómico; entre las concepciones keynesiana y schumpeteriana. Se destaca así el papel que desempeña el gobierno en estimular el desarrollo tecnológico, pero también las contraprestaciones exigidas al sector privado y al sector laboral. En fin de cuentas resulta un esfuerzo conjunto, sin rigideces y con gran pragmatismo. Como lo asegura Deng Xiaoping: "Lo pragmático supedita lo teórico, no al revés".

Se acelera la globalización

La globalización, prevista por muchos para el siglo XXI, ya llegó al A-P y se encuentra en avanzado estado de desarrollo. Con ello Asia inicia una "tercera ola", desde el punto de vista del desarrollo económico y del intercambio comercial, de características similares a la tercera ola pronosticada por el profesor Samuel Huntington[16]. Al igual que Huntington, nadie puede garantizar la culminación exitosa del proceso de globalización. Si siempre han existido grandes obstáculos para una total internacionalización de las economías, con mayor razón los hay para su globalización. Los países siguen trayectorias inesperadas. Naciones como Corea del Sur, Taiwán, Malasia, Tailandia e Indonesia fueron calificadas de "irremediablemente pobres", pero la historia reciente ha demostrado lo contrario. Países como Myanmar (antigua Birmania) y Filipinas fueron calificados por el Banco Mundial en 1957 como "los más promisorios y seguros candidatos a ser líderes del grupo de países del sudeste asiático"[17]. Hoy por hoy estos dos

---

[16] Samuel Huntington, *The Third Wave*, University of Oklahoma Press, 1993. Huntington fue quien puso de moda el término *tercera ola* que, en el contexto asiático, ha sido utilizado para denotar la fase de desarrollo económico posterior a la del Japón (primera ola) y de los NIE (segunda ola). Además, la visión asiática del desarrollo ha sido caracterizada como una *formación de gansos en vuelo*, según la cual hay un "líder" (Japón), unos "colíderes" y unos seguidores, que van siempre en formación ordenada. El orden y la secuencia se han matenido en el tiempo, como ha sido la experiencia de Asia.

[17] "Development in Practice: Sustaining Rapid Development in East Asia and the Pacific", Banco Mundial, 1995, pág. 14.

países ocupan los últimos lugares de desarrollo en toda Asia. Si bien es cierto que unos países se desarrollan y globalizan, también lo es que otros se retrasan y se aíslan. Sobre todo cuando, queriendo proteger sus mercados, alzan barreras contra el libre flujo de bienes y productos. Las circunstancias han cambiado: el contexto comercial en que vivieron en sus primeras fases de globalización los países del A-P ya no existe. El mercado mundial es hoy día más difícil y más competido, tal como lo muestra el recuadro 3 (página 32). A pesar de que las barreras arancelarias han disminuido en el mundo, las barreras no arancelarias y las dificultades para el comercio internacional han aumentado considerablemente.

El proceso globalizante de la tercera ola, en la cual la tecnología desempeña un papel tan decisivo, no parece tener límite. A juzgar por los avances recientes en tecnología de información, de supercarreteras y redes telemáticas, de realidad virtual, de procesos y materiales inteligentes, su desarrollo parece inatajable. Lo que no está asegurado es que el mundo continúe su proceso de liberalización y apertura hacia el comercio internacional. Lo más grave sería que el mercado de tecnología se tornara más costoso y de difícil acceso, especialmente porque los países que la poseen la utilicen más política que comercialmente. Si el dilema para todos los países es globalizarse o perecer, el camino tomado por los países exitosos de Asia es una guía aconsejable.

Capítulo III

ALGO PASÓ EN ASIA

¿Por qué en el Asia-Pacífico?

¿Qué pasó con el A-P, que hace sólo cuarenta años parecía destinado a ser un gran Bangladesh plagado de problemas de sobrepoblación, hambrunas, pocos recursos naturales, regímenes autoritarios y alta presión demográfica? ¿Por qué se creyó siempre que el A-P, teniendo en cuenta su altísima densidad demográfica, jamás podría resolver sus agudos problemas económicos y sociales? Éstos y otros interrogantes similares muestran el pesimismo reinante acerca de una región que padecía desastres por doquier, tanto naturales como producidos por despóticos regímenes militares. Lejos de existir una respuesta simplificada o sencilla sobre lo que hizo del A-P una región próspera y a la vez la más dinámica del mundo, lo que sí puede afirmarse es que el fenómeno es básicamente explicable (aunque no exclusivamente) en términos económicos sencillos y simples. Todos los argumentos religiosos, étnicos y culturales que históricamente (y sobre todo en años recientes) se han dado para explicar el fenómeno experimentado en esta parte del planeta son rebatibles, o al menos sustituibles por explicaciones fundamentadas en lo económico. Si bien Confucio, la multiplicidad étnica, la vigorosa y ampliamente reconocida ética del trabajo de los orientales, el rico pasado cultural y el gran énfasis en la educación forman parte de un "coctel" de razones que se utiliza con frecuencia para explicar los éxitos económicos obtenidos por los países del A-P, el ingrediente central no parece ser diferente de lo que se conoce en Occidente como *motivación económica*.

Aun así, lo que se produjo en Oriente no fue propiamente el resultado de un desarrollo capitalista "salvaje" o de un sistema de libre empresa basado solamente en el individualismo a ultranza. El capitalismo que se desarrolló con éxito en el A-P fue, en mayor o menor grado, fruto de un consenso social, avalado por la alianza gobierno-sector privado, con un alto nivel de respeto por reglas de juego estables, y sobre todo con una creencia casi religiosa en que el coordinador y guía principal del desarrollo es el gobierno. En ciertos casos, algunos de estos países aceptaron regímenes con "autoritarismo benévolo" o "dictaduras bondadosas" con el fin de asegurar la máxima distribución de beneficios en forma simultánea con el desarrollo. Obviamente, lo anterior no se dio en todos los casos ni los énfasis fueron semejantes. Pero, como se muestra en el gráfico 8 (página 38), lo más notorio de lo que pasó en Asia es que fue la población en general la mayor beneficiaria del crecimiento sostenido sin precedentes registrados en el mundo desde los años 60.

Dos acontecimientos ocurridos en 1993 no tienen paralelo en la historia de los últimos quinientos años. Primero, el monto total del comercio transpacífico superó el del comercio transatlántico por vez primera desde el siglo XV. Se cumplió así la profecía de John Locke cuando dijo: "El mar del pasado es el mar Mediterráneo, el Mar del presente es el mar Atlántico y el mar del futuro es el mar Pacífico". Sólo que lo dijo en 1684: trescientos años antes que aconteciera. Segundo, el comercio intrarregional de los países de Asia superó el comercio con los países de fuera de la región. En efecto, desde 1993 el 65% del comercio del A-P se realiza internamente (hay que recordar que, en la misma fecha, el comercio intrarregional de la Unión Europea —el mayor bloque unificado de países— era de 62%). Con estos dos hechos el A-P se consolida como la región más dinámica del mundo, desde el punto de vista del intercambio comercial, y al mismo tiempo muestra, por primera vez, unas bases sólidas para generar un crecimiento propio y autosostenido. Ello a pesar de coincidir esta época con las recesiones que atraviesan los principales "motores" del crecimiento asiático: el Japón y los EE. UU.

Previamente a cualquier descripción estadística del fenómeno conocido comúnmente como "milagro económico asiático", es conducente preguntarse si en realidad existe un modelo asiático de desarrollo o si la visión unificada[1] del A-P es tan sólo una ficción retórica. Lo cierto es que nunca antes una región había mantenido tan alto nivel de crecimiento por tanto tiempo y, aunque existen diferencias apreciables de magnitud y duración o *timing* en el proceso de cada país, ésta ha sido la única región del planeta que después de la Segunda Guerra Mundial ha elevado nuevos países a la categoría de "países industrializados". No es propósito de nuestro análisis estudiar las diferencias en los niveles de desarrollo entre países (por ejemplo, el Japón frente a Corea del Sur o Taiwán frente a Singapur). Se trata, más bien, de señalar los rasgos más sobresalientes de lo que en los últimos años ha sucedido en esta parte del mundo. Se pretende con ello identificar los patrones, las variables y las políticas comunes en la región y tratar de verificar si proviene de un modelo común compartido o si, por el contrario, lo sucedido en el A-P es simple coincidencia de hechos independientes sin correlación causal.

En el fondo de la teoría económica reside un hecho casi incuestionable: el crecimiento se debe a una relación un poco mágica —pues la mecánica interna no se conoce con suficiente profundidad— entre los ahorros de los hogares, la inversión de los individuos, la acción de los gobiernos y la productividad de las empresas. Con la adición de otros elementos en forma sistemática se forma lo que comúnmente se denomina un modelo. Entre estos elementos figuran la inversión en educación; la promoción industrial; los incentivos a las exportaciones; el grado de manejo de las principales variables macroeconómicas: inflación,

---

[1] En efecto, existe todo un movimiento sobre "la nueva Asia" que se basa en volver a las raíces orientales y rechazar lo occidental. Los líderes de este nuevo "nacionalismo oriental", que tienen gran acogida, son Mahatir, de Malasia; Lee Kuan Yu, de Singapur; Suharto, de Indonesia, y Ramos, de Filipinas, todos ellos jefes de Estado o líderes políticos en la actualidad.

empleo, gasto fiscal, orientación del crédito, estímulos al sector agrícola, etc. A la luz de estos elementos de política y variables de crecimiento es como se constata la diferencia, en magnitud y alcance, de lo sucedido en el A-P. Es allí donde radican las diferencias con los procesos registrados en experiencias occidentales. Es decir, en la comparación entre lo sucedido en Asia, que ha sido exitoso, y lo sucedido en Occidente (Europa, América Latina, África), que no ha sido exitoso, la diferencia no está en las variables sino en el grado de intervención del gobierno, del sector productivo y del sector político. La diferencia entre el modelo asiático y el modelo occidental radica más en los grados de intervención y en el énfasis de la política gubernamental que en las variables del modelo.

Durante el período de 1965 a 1990, el A-P registró niveles de crecimiento económico superiores al 6.5% en promedio. El hecho de que la inversión total, que fue fundamentalmente del sector privado, se mantuviera por debajo de los niveles de ahorro significa que los países del A-P fueron exportadores netos de capital. Los niveles de educación primaria y secundaria y los incrementos en la productividad excedieron en mucho los niveles alcanzados por los países de América Latina, África y Europa. En ese período, los gobiernos del A-P promocionaron las industrias nacientes y los sectores estratégicos y, a pesar de los debates internos, se mantuvo la política de promocionar las exportaciones. En casi todos los países del A-P la política agrícola giró alrededor de la reforma agraria, pero, más que como justificación basada en el principio de que "la tierra sea para el que la trabaja", se realizó porque el sector industrial requería el desplazamiento de mano de obra hacia los centros urbanos. La más eficiente combinación de reforma agraria con política industrial junto con un manejo macroeconómico sano[2] dio como resultado principal lo que

---

[2] Por "manejo macroeconómico sano" en Asia se entiende comúnmente tener niveles de inflación y desempleo de un solo dígito, un déficit fiscal que no supere el 1% del PIB y reglas de juego claras y estables en materia de inversión y exportaciones.

muchos han llamado *milagro asiático...* que de milagro no tiene mucho. Lo que sucedió fue el resultado de un esfuerzo deliberado por modernizarse para exportar y exportar para desarrollarse. ¿Por qué —se pregunta uno— eso mismo no sucede en países similares, con políticas similares y condiciones de entorno socioeconómico similares? Según se observa, los mejores resultados logrados por los países del A-P implican un compromiso obsesivo con la tecnología, la exportación y la redistribución del ingreso. Cuando en 1960 los países del A-P se lanzaron al mundo, no para ofrecer sus mercados —que permanecían bastante protegidos y con difícil acceso— sino para conquistar los de los otros y al mismo tiempo asimilar tecnologías desarrolladas por los EE. UU. y naciones europeas, en los otros países en vías de desarrollo se consolidaba una política de sustitución de importaciones. Se creía que cerrándose a toda idea e influencia externa se generaría un proceso propio de ciencia y tecnología. Que así se protegían los mercados internos y la salud de las industrias nacientes. Mientras que en los países del A-P cualquier beneficio se traducía en una mejora en la distribución del ingreso, en los países occidentales se agudizaba el desequilibrio en la distribución de la riqueza. A juzgar por la experiencia del A-P, en la tecnología, la exportación y la política de distribución de los beneficios del desarrollo está la clave central de las diferencias. Diferencias que fueron pequeñas hasta 1980, pero que en la actualidad son abismales.

El nuevo centro de gravedad económica

Taiwán produce el 10% de los computadores del mundo. Singapur produce la mitad de los *hard disk drives* del mercado mundial y el 30% de los intercambiadores de aparatos de discos compactos. Tailandia es el primer productor mundial de camarones, tilapias, orquídeas, algunos electrodomésticos y componentes para radio y telecomunicaciones. Malasia es el segundo productor mundial de microchips y el primero de aparatos de aire acondicionado. En 1992 la China tuvo un crecimiento espectacular del 14% y registra desde 1981 una tasa de crecimiento anual del 8% (a excepción de 1987, año en que creció sólo el 5%). De seguir así, hacia fines del año 2020 las economías de Asia, y en particular la de la China, superarán en tamaño a las de los EE. UU. y Europa.

Los gráficos 9 y 10 reflejan por qué se trasladó el centro de gravedad económico del hemisferio occidental hacia el A-P. Aunque con diferencias apreciables entre sí, los países del A-P se sitúan en los primeros lugares en cuanto a crecimiento económico. Ninguna otra región muestra el crecimiento y la mejora en el nivel económico del A-P. Esto ya se corroboró en la tabla 1. Al comparar, por ejemplo, la evolución de la región del A-P con América Latina tomando un nivel de ingreso per cápita de una región de referencia[3], en 1938 el A-P tenía el 8% del ingreso per cápita de la región de referencia mientras que América Latina tenía el 20%. ¡Mientras el A-P ascendió vertiginosamente en 55 años hasta alcanzar el 91%, América Latina disminuyó al 10%! El caso individual del Japón muestra resultados aún más espectaculares. Japón pasó de ser el 21% de la región de referencia a superarla, en 118%, en sólo medio siglo.

Se escucha con frecuencia que "por primera vez en quinientos años, el centro de gravedad ha retornado a Asia". En efecto, desde el punto de vista económico, es un hecho que los años 90 marcaron la *era del Pacífico*. Los asiáticos son hoy sus propios mejores clientes y abastecedores. El Banco Asiático para el Desarrollo (ADB) prevé que para 1996 el crecimiento promedio de sus 25 países miembros será cercano al 7%. Todo esto hace pensar que, por muchos años más, Asia continuará siendo el jardín más floreciente del planeta.

El crecimiento se ha podido estimular y mantener gracias a los flujos de capital y tecnología entre los países de la región. El Japón inició este proceso hace 25 años. Hoy en día, el Japón y la comunidad china que vive fuera de China continental (unos

---

[3] La región de referencia está compuesta por los países de Europa Occidental, América del Norte, Australia y Nueva Zelanda. Y a su nivel de ingreso per cápita promedio, para cada año seleccionado, se le da el valor de 100. Véase tabla 1.

GRÁFICO 9

Crecimiento del producto interno bruto per cápita

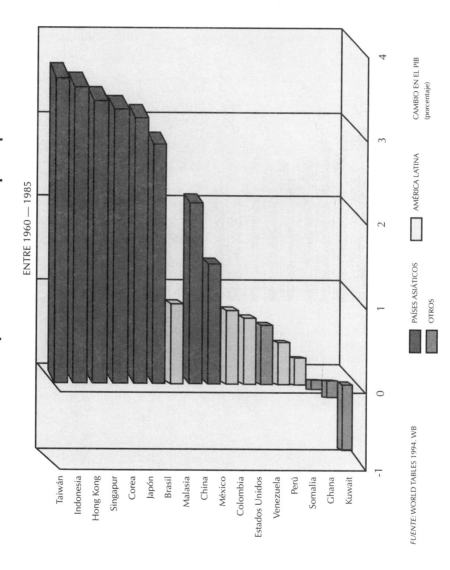

ENTRE 1960 — 1985

FUENTE: WORLD TABLES 1994. WB

GRÁFICO 10

Pronóstico de crecimiento del PIB

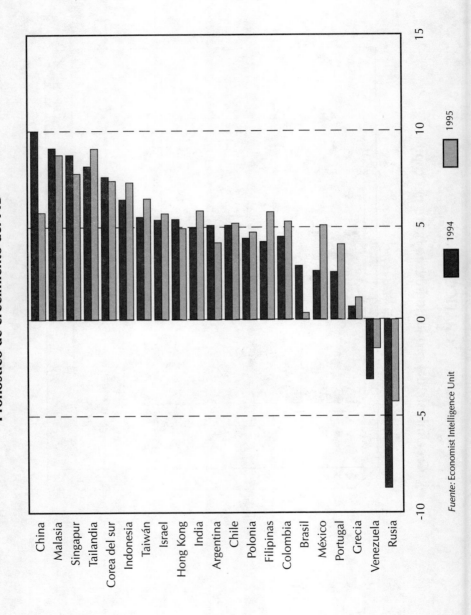

Fuente: Economist Intelligence Unit

51 millones de chinos)[4] son los mayores inversionistas en Corea del Sur, Singapur, Malasia, Indonesia, Tailandia y Filipinas, y mantienen su presencia y su inversión en casi todos los otros países de la región. La mayor fuente de inversión directa en Taiwán fue Filipinas, en 1992. Taiwán exporta 16 000 millones de dólares estadounidenses a la China continental a través de Hong Kong. El grupo tailandés Charoen Pokphand es el mayor inversionista individual en la China, en donde realiza 50 proyectos, entre ellos una fábrica de motocicletas, una cervecería y una planta de alimentos para animales. Taiwán invierte anualmente en la China entre 3 000 y 4 000 millones de dólares, con lo que, según algunos estimativos, posee una inversión acumulada cercana ya a los 15 000 millones de dólares. En el occidente y el sur de la China, las regiones de Pudong (Shanghai), Guandong (Cantón), Shenzen y Guanchou conforman un mercado de 60 millones de habitantes con más de 5 000 dólares de ingreso per cápita. Se calcula que para el año 2000 este mercado se duplicará. Existen allí varias multinacionales con inversiones recientes de entre 4 000 y 5 000 millones de dólares en supermercados, cadenas de distribución y ensambladoras de aparatos electrodomésticos. Mirando hacia el año 2000, las cadenas de supermercados Yaohan y Daiei, del Japón, por ejemplo, tienen planeado construir en la China más de 5 000 supermercados y emplear cerca de 20 000 chinos. Yaohan acaba de construir el centro comercial más grande de Asia, el cual abarca una superficie de almacenes de 165 000 metros cuadrados. La inversión, superior a 400 millones de dólares, se decidió al día siguiente de la revuelta de la plaza de Tian'anmen. Ello le significó concesiones especiales al gobierno chino. En los supermercados se venderán más de 4 000 artículos fabricados en la propia China,

---

[4] Cuando se habla de comunidad china, generalmente se hace referencia a la población de la República Popular de la China, Taiwán y Hong Kong, pero a los grupos chinos que viven en Tailandia, Malasia, Indonesia, Singapur, Filipinas, Vietnam y los EE. UU. también se les designa como *comunidad china*. Ellos alcanzan una cifra de 51 millones de personas, con un capital cercano a la mitad del PIB de la China continental. Económicamente hablando, el "país" más poderoso de Asia —después del Japón— es sin duda la comunidad china.

mientras que en los centros comerciales de la misma compañía que existen en Hong Kong menos de 2 000 son de fabricación local. El total de salarios que pagará Yaohan representará menos del 3% de las ventas. Con lo que compra un metro cuadrado en Tokio, consigue 500 en Shanghai; con lo que paga a un empleado en el Japón contrata 28 en la China. En general, en la región del A-P hoy en día se invierten anualmente entre 35 000 y 40 000 millones de dólares ¡que se generan casi totalmente en la misma región! Pese a tener las tasas de ahorro más altas del mundo, la región requiere importar masivamente capital para satisfacer sus necesidades de infraestructura. A pesar de que la tasa de ahorro de Singapur es de 48.3%, y de que la de Malasia, Corea, Tailandia, China e Indonesia supera el 35%, el crecimiento de la región rebasa la disponibilidad de capital de ésta.

No obstante el crecimiento espectacular de los últimos años, Asia muestra desequilibrios y diferencias preocupantes. La producción manufacturera del Japón, de 1.2 trillones de dólares, es casi siete veces mayor que la de la China, cuya producción industrial es de 220 billones de dólares. En cuanto a producto interno bruto, Japón con 4.8 trillones de dólares, supera a la China casi diez veces. El producto combinado de los seis países de la ASEAN, con una población de 340 millones de habitantes, es ligeramente inferior al de Australia, con 17 millones de habitantes. A pesar de existir todavía un largo camino por recorrer para lograr el equilibrio y la igualdad económica entre los países que constituyen esta región, incluso los rezagados se mueven en forma acelerada. Charlmes Johnson, autor de varios libros sobre Asia y el Japón, afirma que "la sola Indonesia tendrá más millonarios en el año 2000 que los habitantes de Australia..."

El factor más crítico y de mayor preocupación en la dinámica de la región es, sin duda, su capacidad de dotarse de infraestructura física adecuada. Adicionalmente a los grandes esfuerzos de los últimos años, se deberán construir o ampliar nuevos aeropuertos en Hong Kong (con un costo estimado de 25 000 millones de dólares, lo que representa un 1% de su PIB anual), Shanghai, Bangkok, Seúl, Taipei, Manila, Hiroshima, Macao y Kuala

Lumpur. También se requieren sistemas de transporte masivo en Taipei, Seúl, Bangkok y Hong Kong. A un costo de 15 000 millones de dólares, Osaka acaba de construir un aeropuerto sobre una isla artificial, pero el Japón proyecta construir tres más en el próximo decenio. Casi todos los países de la región están construyendo, mediante concesión o inversión semipública, modernas redes de carreteras y están mejorando las telecomunicaciones y los sistemas de televisión. Taiwán, que tiene las segundas mayores reservas internacionales del mundo (cerca de 90 000 millones de dólares), invertirá 300 000 millones en infraestructura en los próximos seis años. El Japón acaba de aprobar un plan de inversiones de 6.3 trillones de dólares para los próximos diez años (que es similar a invertir a lo largo de diez años lo que producen los EE. UU. en un año). En el A-P son conscientes de que con buena infraestructura, estabilidad política y un mercado de clase media en expansión, la marcha de la región es imparable.

Características del desarrollo asiático

Al igual que el Japón, que cuenta con una numerosa población pero carece de recursos naturales, otros países de Asia han encontrado en el capital humano su gran fortaleza y el punto inicial del "despegue". La mano de obra abundante y el buen nivel de capacitación son un denominador común si no de todos, por lo menos de la mayoría de estos países. Por ello, los EE. UU., el Japón y otras naciones están trasladando parte de su capacidad manufacturera a países del A-P. En este proceso las empresas transnacionales introducen capital y tecnología, los cuales son utilizados por una clase empresarial local de gran manejo y calidad en asuntos de dirección[5]. Pero no sólo la combinación de calidad

[5] Tanto en lo que se conoce como *top-management*, o nivel ejecutivo superior, como en *middle management*, o mandos gerenciales intermedios, los países del A-P cuentan con abundante y muy calificada fuerza de trabajo. Normalmente, más en los segundos que en los primeros. En América Latina, por el contrario, es en los niveles superiores donde se encuentran mejores recursos humanos, y no tanto en los niveles medios. En África hay ausencia de ambos.

y bajo costo de la mano de obra determina las ventajas de estos países. Sus altos niveles de productividad y el relativamente fácil acceso a tecnologías maduras han sido, sin duda, aún más importantes.

Hay países con una oferta casi ilimitada de mano de obra barata (la India, la China, Indonesia, Nigeria, Vietnam, etc.) pero con tan bajo nivel de capacitación que esa mano de obra se hace "costosa", por lo poco productiva. A pesar de que algunos países en vías de transformación (por ejemplo, de América Latina) cuentan con mano de obra recursiva, adaptable y fácil de entrenar, muchos de ellos no son atractivos para los inversionistas extranjeros porque el entorno no ofrece facilidades de absorción tecnológica continua y seguridad de productividad creciente. Un país no es competitivo si los costos de capacitación, mano de obra y comunicación son altos en relación con sus niveles de productividad y calidad. Es, pues, la relación entre productividad y costos lo que determina la competitividad de un país o empresa; no uno solo de ellos.

Desde principios de los años 70, los gobiernos asiáticos fueron conscientes de la necesidad de estimular la creación de densos conglomerados urbanos con buen nivel educativo y buen poder adquisitivo. La formación y tecnificación de los recursos humanos se concibió siempre como una prioridad. El dilema fundamental de los países asiáticos era: o convertirse en verdaderas fábricas procesadoras de bienes para la exportación o permanecer como productores de productos básicos para poder importar los productos procesados. Por eso hoy pueden importar materias primas y productos básicos con el producto de sus exportaciones de manufacturas procesadas y de energía (petróleo, carbón, gas, etc.). De no haber ocurrido así, serían países abastecedores de materias primas básicas y abundante mano de obra barata, no calificada, como la mayoría de los países del tercer mundo.

Sin excepción, los países del A-P tomaron al Japón como modelo económico para imitar. El éxito económico del Japón dio a los países de la región la esperanza de mejorar el nivel de vida de la población y alcanzar niveles de desarrollo parecidos a los de las potencias occidentales. Éste es uno de los mejores ejemplos de cómo el *efecto demostración* —según la concepción de Schumpeter— se transmitió entre estos países. Un detallado análisis de la estructura institucional de los países del A-P muestra que casi todos copiaron las principales instituciones del Japón: el MITI[6], la Agencia de Planificación, el Centro de Productividad, la Agencia de Tecnología, las Agencias Promotoras de Exportación, la Asociación de Entidades Financieras (NIKKEIREN), la Asociación de de Entidades Industriales (KEIDANREN), etc. A su vez, el Japón también había adoptado de varios países occidentales los principales elementos de su sistema de organización social y económica: el sistema burocrático prusiano, el sistema educativo estadounidense y francés, el sistema de transporte inglés, el sistema jurídico alemán, el sistema holandés de comercialización, etc. La "copia" institucional, más que constituir una muestra de debilidad, parece haber producido una fortaleza competitiva adicional, sobre todo cuando lo copiado obtuvo, en el proceso, mejoras cualitativas.

El despegue exportador de los países del A-P se inició con la exportación de textiles y legumbres. Estados Unidos fue siempre, hasta 1993, el principal importador individual de los productos del mercado asiático y el mercado sin límites que hizo posible el milagro del Japón, Corea del Sur y Taiwán. También en los casos de Singapur, Hong Kong, Tailandia, Indonesia y Malasia, el mercado estadounidense produjo la diferencia. Pero eso ya va cambiando. Hoy es la región misma, el mercado del A-P, su principal motor de crecimiento. En 1990 se inició esta tendencia, a medida que el A-P fue desarrollando una sólida base exportadora de productos manufacturados, llenando los vacíos dejados por los países desarrollados (los EE. UU, Europa y el Japón), que continúan avanzando hacia etapas de mayor valor agregado y tecnologías más avanzadas y complejas. Este fenómeno de generación de nuevos espacios industriales sólo puede ser cubierto por una

---

[6] MITI: Ministerio de Comercio Exterior e Industria del Japón.

dinámica, como la asiática, orientada hacia la exportación. Corea del sur es un buen ejemplo. Desde 1978 empezó a producir para la exportación, pero apenas en 1981 empezó a hacerlo para el consumo interno. En 1992 exportó 760 000 automóviles, mientras que el número de vehículos vendidos internamente sólo ascendió a 430 000. Otro ejemplo es la China. En 1983, produjo 122 millones de bicicletas para consumo propio y también para exportar a los países vecinos. Cada vez son más los productos agrícolas, textiles, electrodomésticos y los componentes electrónicos producidos en el A-P que encuentran, como destino final, el A-P.

Sin embargo, si bien el centro del comercio de los países asiáticos se ha desplazado hacia la región misma, no ha sucedido así con la fuente de abastecimiento tecnológico. A pesar de llevar más de tres decenios de éxito adoptando y adaptando tecnologías desarrolladas por fuera de la región, los países del A-P todavía no han logrado crear una fuente auténticamente propia de generación de tecnología industrial. Es decir, carecen de "motor" propio, y de un mecanismo generador y permanente impulsor de tecnologías endógenas para aplicar a la industria. A excepción del Japón, que muy recientemente ha comenzado a generar y comercializar "tecnologías de punta", ningún otro país ha hecho algo distinto de mejoras marginales o adaptaciones de tecnologías desarrolladas por los EE. UU. o Europa. Existen, eso sí, una gran dinámica y eficacia en el proceso de transferencia de tecnología desde Occidente y desde el Japón hacia el A-P. La creación de 18 *centros de productividad*[7] en los diez países del A-P, dedicados a capacitar, transferir y adaptar tecnologías, es el reflejo de la gran actividad en este campo. Estos centros tienen como función

---

[7] Aunque no funcionen explícitamente como entidades de desarrollo tecnológico, existen en varios países de Asia "piezas" del conjunto de instituciones que constituyen los *centros de productividad*. Éstos actúan coordinada e integradamente y abarcan una proporción importante de toda la industria del país. Para que el sistema funcione como promotor tecnológico se requiere —como ha sido el caso asiático— un organismo coordinador central nacional que actúe bajo la tutela de una entidad rectora de la política industrial y tecnológica. Eso es precisamente lo que han sido, en definitiva, los centros de productividad en el A-P. En total son 18 los países asiáticos que los tienen, y funcionan a través de 29 centros.

principal capacitar y supervisar la transferencia de las tecnologías necesarias para cada país, incentivar la capacitación técnica requerida a corto plazo y medir permanentemente los niveles de productividad y competitividad respecto de otros países de la región, entre los cuales también se lleva a cabo una competencia sin tregua ni cuartel.

Un país que desarrolló tecnologías propias e institucionalizó la adaptación de tecnologías existentes es el Japón. Japón no realizó en el pasado inventos de primera clase, pues no inventó automóviles, ni aviones, ni cohetes, ni semiconductores, ni la fibra sintética, ni la fibra óptica ni los computadores. Pero desde 1950 sí realizó innovaciones de gran importancia y trascendencia, como la motocicleta de 50 c.c., el transistor de bolsillo y las cámaras fotográficas de una sola lente. Actualmente Japón es fuente principal de nuevos productos, como el vídeo (el VCR), los discos láser, los equipos livianos de comunicación, algunos nuevos materiales, automóviles para pasajeros y máquinas y herramientas de precisión. Estos nuevos productos son el resultado de una avanzada infraestructura de investigación y desarrollo, y de más de dos siglos de adaptación tecnológica. El desarrollo propio de tecnologías aplicadas a la producción sólo se dio después de la Segunda Guerra Mundial; el desarrollo de ciencia básica es incipiente. Su trayectoria tecnológica ha permitido al Japón convertirse en la primera fuente de tecnología aplicada para todos los demás países del A-P. Actualmente, los cuatro "nuevos" tigres (Tailandia, Indonesia, Filipinas y Malasia) importan casi todos los componentes y bienes de capital desde el Japón para reexportar productos terminados hacia otros países. Aunque el Japón está todavía lejos de generar ciencia básica de primera línea, ya ofrece perspectivas optimistas en telecomunicaciones, información y tecnologías de control ambiental. El perfil tecnológico que se ha desarrollado en el A-P es reflejo del perfil de exportación de la región. Éste ha evolucionado desde la exportación de materiales textiles hasta la de equipos electrónicos, pasando por la de maquinaria pesada, nuevos materiales y equipo mecatrónico. El proceso se ha desarrollado por etapas: primero fueron los textiles, luego los productos químicos, posteriormente los aceros, después los automóviles y finalmente los equipos electrónicos, los nuevos materiales y las telecomunicaciones. Es un proceso que converge gradualmente hacia tecnologías con creciente contenido de investigación básica propia. Aunque ningún país del A-P distinto del Japón posee desarrollo tecnológico propio, todos avanzan haciendo grandes esfuerzos y apreciables sacrificios económicos.

Otra característica que ha incidido de manera importante en el desarrollo de los países asiáticos ha sido la magnitud de su propio mercado interno. La creciente clase media de estos países se ha convertido en consumidora casi ilimitada de automóviles, textiles, productos electrónicos y de uso doméstico. A pesar de que el 70% de los 195 millones de habitantes de Indonesia son relativamente muy pobres (con un ingreso per cápita de 600 dólares anuales), los 65 millones de habitantes urbanos de Java y Sumatra (dos de las 17 600 islas de Indonesia) pueden tener un ingreso promedio que se compara con el de México o el de Chile. En Guandong, Guanchou y Fujian, al sur de la China, existen cerca de 50 millones de habitantes con más de 5 000 dólares de ingreso per cápita. Se calcula que para el final de la década tal cifra se duplique. El ingreso medio per cápita anual de la China, con sus 1 200 millones de habitantes, es de 300 dólares, debido a que 800 millones viven en el sector rural con un nivel de vida de supervivencia. Sin embargo, los 400 millones de personas que viven en las 180 ciudades principales, en los cien puertos de comercio fronterizo y en el sudeste del país, entre Shanghai y Hong Kong, son habitantes urbanos con patrones de consumo superiores a los de Tailandia o Malasia. La velocidad con que aumentan estos nuevos consumidores es asombrosa. No hay que olvidar que Corea y Taiwán tenían ingresos per cápita de 80 y 120 dólares hace 45 años; hoy ambos tienen una población conjunta de 60 millones con ingreso per cápita promedio de más de 6 000 dólares. Es decir, los habitantes de Corea y Taiwán tienen un poder de compra equivalente a un tercio del de los EE. UU. y a más del doble del de Brasil.

Las políticas de crecimiento inducido por las exportaciones

aplicadas en el A-P trajo consigo un efecto positivo: Primero, estimuló inusitados aumentos de productividad en las actividades de ensamble, diseño, fabricación y empaque de elementos para la industria. Segundo, aumentó el nivel de vida de la población y, por tanto, su capacidad de consumo. Y tercero, aumentó el empleo. Tal es la reacción en cadena que se produce cuando un país capacita técnicos, ingenieros, administradores y gerentes. Los primeros países del A-P en iniciar este proceso empezaron ensamblando circuitos integrados para subcontratistas estadounidenses. En el proceso de ensamblaje se familiarizaron con la producción de semiconductores y otros tipos de equipo electrónico, como televisores en color y computadores. Después, con apoyo e inversión japoneses, se instalaron unidades de fabricación y acabados de productos electrónicos. De allí viene la relativa especialización regional en esta clase de productos: los equipos de vídeo se producen en Corea del Sur, los computadores personales en Taiwán, los discos compactos se fabrican en Singapur y los aparatos de aire acondicionado en Malasia. Este proceso, que tiende a repetirse a través de la capacitación y el entrenamiento en todo el A-P, es sintetizado por el profesor R. Dore, en su libro *Taking Japan Seriously*[8], así:

> Las compañías líderes del Japón, rezagadas de la revolución industrial mundial, consiguieron altos niveles de exportación para su crecimiento. Lo lograron importando tecnologías radicalmente nuevas. Tecnologías que a menudo requerían nuevos tipos de conocimiento y

---

[8] *Taking Japan Seriously*, de R. Dore (Londres, The Athlone Press, 1987, págs. 46-47). El profesor Dore sostiene que, ante todo, Japón es "una sociedad aprendiza". El término *sociedad aprendiza* se refiere al fenómeno, muy difundido en el Japón, según el cual las empresas y no la universidad ni las instituciones académicas independientes realizan la mayor parte de la capacitación y del entrenamiento técnicos de los japoneses. Esta situación la ilustran particularmente las compañías papeleras del Japón. A diferencia de sus homólogas en Occidente que subcontratan casi toda la ingeniería de diseño y proceso, en el Japón cada compañía ha absorbido la totalidad de la ingeniería y de la asesoría tecnológica. Las casi 30 millones de toneladas de papel y cartón se producen con los más altos niveles de calidad y eficiencia, pero con costos unitarios muy altos, que imposibilitan su exportación.

habilidades y, por lo tanto, nuevas clases de entrenamiento sistemático y nuevos estándares de competencia. Generalmente no había otra opción que dar el entrenamiento en la propia empresa, puesto que las nuevas formas de capacitación y de adquisición de habilidades no contaban con medios establecidos de transmisión en las escuelas públicas. Sólo en estas circunstancias es comprensible el desarrollo y la tradición de la organización del aprendizaje [en las compañías japonesas].

El caso japonés se caracteriza por su restringida iniciativa individual, el proceso de búsqueda de consenso en toda decisión y la poca libertad de innovación interna. Tanto las compañías como los grupos industriales privados[9] funcionan en un ambiente de gran protección y defensa de los intereses nacionales. Desde el comienzo de la industrialización del Japón surgió, con apoyo del gobierno, una red de empresas entrelazadas íntimamente y conocidas con el nombre de *keiretsu* o enjambre industrial. Estos grupos aúnan sus esfuerzos para desarrollar nuevas tecnologías, nuevos mercados, entrenamiento y capacitación, a fin de obtener del gobierno el otorgamiento de ventajas. En forma similar, en casi todos los países de la región han surgido grupos empresariales y conglomerados privados muy fuertes[10]. En Corea del sur unos pocos grupos económicos controlan casi toda la actividad económica. En Taiwán está repartida en miles de pequeñas y medianas empresas de gran adaptabilidad y competitividad. En el Japón nueve *sogo shoshas*[11] controlan la mayor parte de la actividad económica del país.

---

[9] Es lo que se llama en el Japón *zaibatsu*.

[10] Salvo quizá la experiencia de Taiwán —que, como se ilustra en el capítulo VIII, se caracteriza por el predominio de las empresas pequeñas y medianas—, casi todos los países del A-P se desarrollaron de acuerdo con un esquema de gran concentración en la producción y los servicios: conglomerados en Indonesia, *sogo soshas* en Japón y *chaebol* en Corea.

[11] *Sogo Shosha* es el término utilizado para identificar las compañías comercializadoras que son verdaderos conglomerados industriales, comerciales y financieros. Algunas, como Itochu, Mitsubishi, Mitsui o Nissho Iwai, venden anualmente productos por más de 150 000 millones de dólares y emplean más de un cuarto de millón de personas.

Los recursos que permitieron financiar la infraestructura de desarrollo e investigación tecnológica se originaron en las ganancias acumuladas y no redistribuidas de las compañías y grupos económicos privados, lo cual se facilitó gracias a la estructura interna de la propiedad y la naturaleza de la propiedad de las empresas. Ello ocurrió primordialmente, aunque no exclusivamente, en el Japón. Al ser accionistas principales los propios obreros y empleados de las compañías, éstas se concentraron en el *market share* (participación en el mercado) y no en las utilidades. Esto ha permitido la planeación de estrategias de crecimiento y penetración a largo plazo. Fue así como para la empresa y sus multitudinarias juntas directivas, donde estan representados todos los niveles de la empresa, el objetivo primordial consistió en asegurar empleo para sus obreros y empleados y en garantizar la competitividad permanente de sus productos. Aunque no son rasgos comunes a todos los países del A-P, sí existen diferencias básicas entre las empresas occidentales y las orientales: la mayor parte de las empresas de esta región gozan de un ambiente favorable a la protección de los intereses de los productores; predomina el objetivo de *market share* sobre el de las ganancias; el entrenamiento se realiza en la propia empresa, mientras que los cursos de especialización o actualización se efectúan por fuera de ella; y las empresas utilizan poca o ninguna asesoría o consultoría externa (la adaptación tecnológica la hacen los propios ingenieros de cada empresa).

Pero la asimilación de nuevas tecnologías y el establecimiento de procesos de producción eficientes en gran escala no sólo contó con un alto nivel de capacitación de los trabajadores. Existió previamente una *tradición* de trabajo artesanal[12] de calidad. Ello sumado a una actitud mental y a una consciencia colectiva pre-

---

[12] Una de las características más reconocidas en estudios asiáticos especializados en el tema de calidad y productividad es la tradición artesanal. Los países asiáticos, como el Japón, Corea del Sur, Singapur y Taiwán, cuentan con una larga tradición de trabajo y organización para la producción de artesanías de gran calidad. De ahí que existan numerosas referencias sobre la tradición artesanal y sobre el conjunto de costumbres y formas de producción históricas que cada uno de estos países utilizó como fundamento de su actividad industrial moderna.

dispuestas en favor del desarrollo. En la mayor parte de los países del A-P hay obsesión por la calidad y el trabajo bien hecho. A cada trabajador se le capacita para múltiples labores, como parte de un acuerdo solidario con la empresa y una contratación flexible. En Occidente, al contrario, la rigidez de los contratos de trabajo no permite mucha flexibilidad; se da prioridad a su estricta aplicación más que a la calidad. Es así como, en el A-P, la múltiple capacitación y la fácil transición de un trabajo a otro han favorecido la mentalidad de mejoramiento continuo.

Ventajas comparativas frente a ventajas competitivas

Muchos se preguntan si el éxito industrial de los países del A-P encaja en la teoría económica de David Ricardo sobre ventajas comparativas. Según ésta, los países deben utilizar eficientemente sus recursos para desarrollar su potencial. O si, en cambio, dichos países "crean" sus propias ventajas competitivas, las cuales, según la teoría schumpeteriana, son el resultado de estímulos gubernamentales y la adopción de nuevas tecnologías, independientemente de los recursos naturales o de la riqueza que se posean.

Las ventajas competitivas dependen más de la voluntad colectiva y de la visión de futuro de un país que de lo que tiene en recursos físicos y naturales. Es decir, depende de su gente, de su gobierno y de su meta futura. En pocas palabras, tiene más relación con Schumpeter que con Ricardo. Otros factores, como el religioso, el étnico y el cultural, también se traen a colación en algunos análisis. Por ejemplo, hay estudios que dan excesiva importancia a las motivaciones religiosas como explicación del gran desarrollo económico reciente de estos países, olvidando tal vez que estos factores han estado presentes durante miles de años (véase recuadro 5). Si bien los países confucianos valoran profundamente la cohesión comunitaria y los esfuerzos colectivos por encima de los individuales, la reverencia a los mayores, las obligaciones sociales por encima de los derechos ciudadanos, la virtud, el respeto a la autoridad, la disciplina, el liderazgo y la confianza

Recuadro 5

CONFUCIO

Sintetizar en pocas palabras el pensamiento de Confucio, Kung Fu Tse o Kung Chio-ni —su verdadero nombre, que significa el maestro—, es imposible. Confucio, a quien después de 2 500 años Mao trató en vano de erradicar, se asemeja más a Sócrates que a Cristo, Mahoma o Buda. Fue ante todo un maestro de comportamiento social, no un líder religioso o político. Al igual que Sócrates, tuvo discípulos pero, a diferencia de él, no fue condenado por sus propios estudiantes. Tampoco tuvo un discípulo como Platón, que recogiera todo su pensamiento y su doctrina. Confucianismo significa, ante todo, un gobierno por los hombres más que un gobierno por la ley. Por ello las reglas morales, de comportamiento social y de etiqueta son más importantes que los códigos jurídicos. El gobierno tiene su fundamento en la "meritocracia", o gobierno de los más capaces y sabios. Según Confucio, las reglas de reciprocidad y respeto de los hijos a los padres, de los jóvenes a los viejos, de las mujeres a los hombres y de los civiles a los burócratas son la base de toda relación humana exitosa. La respuesta de Confucio a quien le preguntó si Dios existía fue: "El hombre superior se comporta como si Dios existiera, para dar un buen ejemplo a toda la gente... ¡independientemente de que Dios exista o no!" A quien le preguntó si, según la disciplina del Estado, "el hijo debería denunciar al padre que robaba una oveja", Confucio le respondió: "Para mí la relación entre padre e hijo es más importante que el valor de una oveja. Por ello el hijo no debe denunciar a su padre". Segun él todo hombre debe dar asistencia y ayuda a sus familiares, "incluso a los primos hasta el décimo grado". Cuando en un país confuciano se elige un dignatario importante, se espera que ofrezca trabajo y contratos a sus familiares y amigos cercanos.

Hay dos aspectos poco conocidos de la filosofía confuciana. Uno se relaciona con la igualdad de oportunidades: independientemente del origen, riqueza o influencias, el Estado debe brindar a todos idénticas posibilidades para progresar. De ahí que la burocracia se base, en primera instancia, en los méritos, y por ello se debería llamar meritocracia. El otro es la reverencia a la pobreza, a la "honorable pobreza". Según ésta, un hombre es cada vez más rico en la medida en que necesite menos. Estos dos conceptos: la igualdad de oportunidades y la renuncia a lo innecesario, a la vida de goce material improductivo, ha dejado sus huellas en muchos de los países asiáticos. En ellos la disciplina, la reverencia a la autoridad, la dignificación a través del trabajo y el gobierno de los más capaces son virtudes reverenciadas y practicadas como la fe, la esperanza y la caridad de los cristianos... Así como se glorifica a Confucio, también se reconocen sus limitaciones. Su influencia no sustituyó las tradiciones religiosas de los países.

en el gobierno, no obstante es exagerado adjudicar a estas características el motivo principal del éxito económico asiático. No fue por ser confucianos que estos países incentivaron y premiaron los esfuerzos de grupo (que siempre producen mejores resultados que las acciones individuales) sino, más bien, por la elemental relación de costo-beneficio económico. En sociedades con limitada infraestructura de desarrollo tecnológico, el entrenamiento en grupo y el énfasis en las responsabilidades sociales son una solución adecuada y menos costosa. La principal motivación de los trabajadores de los países asiáticos obedece, más que a actitudes profundamente espirituales, al deseo de imitar el estilo de vida de los Estados Unidos o Europa. Lo que sucede con muchos análisis es que, al no poder explicar el fenómeno asiático, recurren al simple y fácil argumento confuciano. No olvidemos que, como dice J. Walsh (*Time*, 4 de junio de 1993), "los gobiernos confucianos, en opinión de muchos historiadores, resultaron ser obstaculizadores del desarrollo comercial y tecnológico y de las libertades económicas", antes que su gran fuerza motriz. De haber sido Confucio la fuerza impulsadora del gran desarrollo económico, ¿por qué sólo sucedió hasta ahora y no en los 2 500 años que su filosofía ha permanecido vigente en Oriente? El mismo Marx criticó el confucianismo como una de las causas del atraso de los pueblos de la China e Indochina, y Mao trató, casi con éxito, de desterrarlo de la China para siempre...

La "receta" asiática

Afirmamos, en una de las secciones introductorias, que el modelo asiático era similar al occidental pero con grados de énfasis diferentes. Las divergencias de los resultados de uno y otro obedecen más a la "sazón" que a los "ingredientes". A continuación se relacionan algunos de los elementos del modelo responsables de haber establecido la diferencia:

- Se estimuló e institucionalizó la tradición artesanal.
- Se dió prelación a los procesos de consenso.
- La emulación de patrones de consumo occidentales generó una poderosa fuerza proindustrialización y proexportación.
- Los mayores esfuerzos del gobierno se concentraron en la capacitación, la construcción de infraestructura y la creación de un ambiente favorable a los negocios.
- Los mayores esfuerzos de las empresas se concentraron en el entrenamiento, la transferencia de tecnología y la creación de ventajas competitivas.
- El gobierno y el sector privado fueron la clave para imponer, como prioritaria, una política de exportación.
- El empleo de mano de obra calificada y flexible fue compatible con los aumentos de la productividad.
- El primero y más importante requisito para desarrollar un país fue... decidirse.

Capítulo IV

JAPÓN: LA PRESENCIA DEL ESTADO EN LA ECONOMÍA

Una pregunta fundamental —especialmente desde que empezaron a funcionar las economías de mercado— ha sido la referente al papel que el gobierno desempeña o debería desempeñar en la economía. Los primeros análisis respecto a este problema se remontan a Adam Smith y su libro *Investigación sobre la naturaleza y causas de la riqueza de las naciones*, escrito en 1776.

En pocas palabras, la esencia del problema radica en que, por una parte, muchos economistas favorables al libre juego de las fuerzas del mercado suponen que los mercados son perfectamente competitivos y que el funcionamiento de una economía de este tipo debe llevar a la sociedad a obtener los máximos niveles de bienestar posible. Por el contrario, los que están en favor de la intervención del Estado en la economía —como es el caso del Japón— argumentan que en la realidad los mercados no son perfectamente competitivos y que, además, los recursos están distribuidos de una manera tan desigual que los mercados no aseguran resultados económicos justos ni niveles de bienestar satisfactorios para la sociedad. Es decir, sin la ayuda de un ente externo los mercados no garantizan ni la eficiencia ni la equidad.

En general, es posible clasificar la naturaleza del papel del Estado en la economía por lo menos en tres tipos. El primero de ellos es el Estado protector, o sea un Estado que interviene en forma mínima en la economía y que coincide con la concepción del Estado liberal de los economistas clásicos y neoclásicos. Sus funciones básicas son mantener el orden, asegurar el cumplimiento de la ley y proteger a sus ciudadanos de amenazas externas. El segundo es el Estado productivo, o sea el que genera beneficios sociales a través de su intervención. Es un Estado que va mas allá de producir un mínimo de bienes públicos y que reduce las ineficiencias mediante el manejo de la información y de las comunicaciones. La concepción sobre la naturaleza de este tipo de Estado es muy cercana a la que tienen los "economistas del bienestar", según la cual las medidas del gobierno deben dirigirse a maximizar los beneficios sociales. El tercero es el Estado explotador, que criticaba Marx. En este caso el Estado también interviene en la economía pero maximizando los beneficios para los miembros del gobierno o para sus asociados del sector privado. Este tipo de Estado "sobrevive siempre y cuando que el excedente social extraído sea mayor que el costo de prevenir la revolución"[1].

El papel del Estado en el Japón

Enfrentado al reto de alcanzar económicamente a Occidente, el gobierno japonés vio la necesidad de desempeñar un papel activo en el proceso de industrialización, para evitar así el dejarlo exclusivamente en manos de las fuerzas del mercado. Tuvo, además, que demostrar que el Japón no era un país de copiadores sino, más bien, un país de adaptadores brillantes: una nación de innovadores. Delineó objetivos de largo plazo mediante la formulación de una serie de planes indicativos de mediano plazo, movilizó recursos financieros a sectores individuales estratégicos y facilitó el comercio internacional mediante negociaciones directas en los mercados internacionales. En otras palabras, ejecutó una "administración indicativa" mediante la cual creó las condiciones y el clima propicio para el desarrollo económico. La política industrial —instrumento fundamental del gobierno japonés—, encontró

---

[1] Alt James y Chrystal Alec, *Political Economics*, University of California Press, 1983, págs. 3-30.

soluciones a la escasez de capital, a los inadecuados mecanismos de asignación de los recursos financieros y a la necesidad de producir suficiente valor agregado para sostener una enorme población con muy pocos recursos naturales.

A lo anterior se unió una característica distintiva de la economía del Japón: la estrecha cooperación entre el gobierno y el sector privado. Éste último aprendió a mirar con respeto a una burocracia muy profesional e independiente y a buscar en el gobierno las guías de política económica y apoyo financiero que hicieron posible la industrialización. Fue así como el gobierno y los empresarios trabajaron conjuntamente por un solo objetivo y con una sola pauta: la bandera del Sol naciente. Es el *kokutai*, o sentido de país, el que guía, en definitiva, esa firme voluntad de trabajar en grupo por alcanzar un objetivo común.

El Ministerio de Industria y Comercio Internacional (MITI) ha sido un actor de vital importancia en el manejo económico del Japón, especialmente durante el período llamado de la "rápida industrialización". Aunque el MITI cree que el sistema capitalista es el mejor sistema económico existente y que el mercado es el motor del desarrollo industrial, sus funcionarios entienden claramente las imperfecciones y limitaciones que ese sistema tiene para producir resultados que estén de acuerdo con los intereses y objetivos nacionales de largo plazo.

La intervención del gobierno japonés ha seguido, en términos generales, la trayectoria del ciclo de vida de las industrias; esto es: una fuerte participación en las primeras etapas de desarrollo, cuando la demanda es pequeña y la competencia es intensa; menor participación cuando las industrias alcanzan su madurez y la demanda alcanza su máximo nivel; nuevamente fuerte intervención cuando las industrias pierden sus ventajas comparativas y se enfrentan a mercados saturados, perdiendo participación en el mercado o sufriendo de exceso de capacidad productiva crónica.

Uno de los argumentos que a menudo se plantean para explicar la intervención del gobierno en la economía japonesa es el de la competencia excesiva. Según el MITI, el sistema económico japonés tiene la tendencia a generar un exceso de capacidad productiva y un número de productores que supera la demanda. Estos desequilibrios traen como consecuencia un exceso de competencia que baja los precios a niveles de "rapiña", distorsiona la asignación de recursos, da origen a gran número de quiebras[2] y crea desorden industrial. Como quiera que el MITI ve el desorden industrial como fuente de malestar colectivo, muchas de sus medidas están encaminadas a contrarrestar este fenómeno[3].

Enseñanzas del Japón sobre el papel del Estado

La exitosa experiencia económica del Japón —reflejada en los resultados propios y también en los obtenidos por los países del A-P— está íntimamente ligada al papel activo que ha desempeñado el Estado en todos los países de la región. Esto ha llevado a que otros países en vías de desarrollo, al igual que la mayoría de las instituciones supranacionales que orientan la filosofía del desarrollo, revisen la concepción del papel del Estado en el desarrollo económico.

Más que plantearse la dicotomía tradicional entre intervención o *laissez-faire* (política de "dejar hacer"), en estos países se creó un consenso sobre la idea de que el Estado desempeña un papel fundamental e irreemplazable en el desarrollo. También que el mercado y las instituciones encargadas de promover el desarrollo son de decisiva importancia. Por ello las naciones del A-P optaron por una "mezcla" entre mercado y Estado en la que éste último, en vez de reemplazar la acción del mercado, la apoya: "Ha sido cuestión de encontrar la más óptima división de responsabilidades entre los dos y la máxima eficiencia en sus respectivas funciones"[4]. Complementariedad, clima de política económica consecuente e intervención en los mecanismos de mercado

---

[2] El número de quiebras en el Japón es muy alto. En los últimos seis años la cifra ha oscilado entre 9 000 y 17 000 anuales.

[3] Daniel Okimoto, *Between MITI and the Market*, Stanford University Press, 1989, cap. 1.

[4] Lawrence H. Summers y Vinod Thomas, "Recent Lessons of Development", en *The World Bank Research Observer*, vol. 8, núm. 2, julio de 1993, págs. 241-244.

cuando sea necesario para asegurar objetivos nacionales, son elementos esenciales para entender las experiencias de desarrollo de los países del A-P.

Los gobiernos asiáticos han actuado menos en los campos donde los mercados funcionan bien o pueden funcionar bien y al mismo tiempo han decidido actuar más en los campos donde los mecanismos del mercado no garantizan los resultados esperados o donde se presentan fallas en dichos mecanismos. El papel activo que el Estado debe desempeñar —fundamentalmente en las primeras etapas del desarrollo económico— ha estado enmarcado en un ambiente de cooperación, consulta y consenso entre el gobierno y el sector privado y en consonancia con las prioridades y objetivos nacionales. Esto, que podría llamarse "consorcio gobierno-sector privado", ha sido un elemento fundamental para la velocidad y la magnitud del desarrollo económico del A-P. Tal *consorcio* ha producido verdaderas historias de éxito en los proyectos industriales y en la investigación y el desarrollo de nuevos productos. Por ejemplo, el Instituto Electrotécnico (Electro Technical Institute — ETI —) ha creado productos como el *shinkansen* ("tren bala"), el *squid* (aparato de interferencia cuántica superconductiva) y el *tron* (núcleo de sistema de tiempo real). El primero de éstos, el "tren bala", se está transformando en un tren de levitación magnética que podrá alcanzar 450 km/hora, más veloz que el tren francés "*de grande vitesse*" que alcanza cerca de 320 km/hora. El *squid* sirve para medir campos magnéticos de toda gama; gracias a ello se han obtenido moldes de espesor milimétrico, cauchos antideslizantes para llantas, robots para la enseñanza de idiomas, circuitos inteligentes, grabaciones en discos ópticos y cámaras de vídeo operadas por la voz humana. El *tron* es un proyecto colectivo que adelantan, por parte del Japón, la Universidad de Tokio, Mitsubishi, Hitachi, NEC y Fujitsu, con la colaboración de ATT, Data General y Texas Instruments, de los Estados Unidos. De no haber sido por el trabajo mancomunado del gobierno y el sector privado, estos proyectos no habrían dado los resultados obtenidos.

La experiencia del Japón —y, en general, de los países del

A-P— lleva a la conclusión de que existen varios dominios en los cuales la intervención del Estado es necesaria. Por ejemplo, un requisito indispensable para el desarrollo del Japón fue la creación de un clima apropiado para el crecimiento obtenido a través de un manejo macroeconómico sólido y consistente. Los equipos económicos de diferentes gobiernos trazaron orientaciones para asegurar los fundamentos macroeconómicos correctos: bajos niveles de inflación, tasas de cambio realistas y competitivas, disciplina fiscal, mercados financieros eficaces y seguros y mínima distorsión de los precios relativos. Este clima favorable fue creado mediante el uso disciplinado del poder del Estado y se ha caracterizado por su pragmatismo y flexibilidad. No obstante, el líder y el motor de la producción nacional siempre ha sido el sector privado. El gobierno se ha limitado a crear y facilitar las condiciones necesarias para que los productores nacionales bajen costos y aumenten la productividad, mediante la incorporación de nuevas tecnologías y el mejoramiento de sus productos. En pocas palabras, el gobierno ha beneficiado a los empresarios estimulándolos y reduciendo el costo de hacer negocios. Gracias a ello se tienen casos como el de NEC Corporation, que en 1980 creó el chip de computador de 256K (Dram: memoria de acceso dinámico), y después en 1990, el de un megabyte. Actualmente produce 390 millones de superchips, o sea el 16% de la producción mundial (los Estados Unidos producen el 29%). En 1993, las ventas de NEC —filial de Sumitomo, una de las comercializadoras fundadas desde la era Meiji (1790)— ascendió a 32 000 millones de dólares. Otra comercializadora, Itochu, ¡vendió en 1994 182 000 millones de dólares! En ambos casos, y en general en todos, está detrás la mano invisible del gobierno japonés.

Otra lección japonesa importante es el papel fundamental que ha desempeñado el Estado en el desarrollo de los recursos humanos. Como sociedad influida por la tradición confuciana —la cual atribuye enorme importancia a la educación, no sólo en cuanto a transmitir conocimientos sino también en cuanto a formar ciudadanos y trabajadores— y como país donde el único recurso natural con que se cuenta en abundancia es la mano de obra, el desarrollo de los recursos humanos y la inversión en la gente se convirtieron en una necesidad perentoria para el desarrollo japonés[5]. El gobierno ha asegurado no sólo la cobertura sino también la calidad de la educación de sus ciudadanos. Aunque el sector privado ha asumido la tarea de capacitar y entrenar a sus propios trabajadores, es el Estado el gran responsable de la educación básica, la salud, la nutrición y la planificación familiar[6].

Como complemento a la creación de una infraestructura humana y como vehículo para facilitar la modernización permanente de la industria, el Estado japonés ha asumido el liderazgo en la creación y el mejoramiento de la infraestructura física. De gran importancia ha sido el papel que el gobierno ha desempeñado en la creación de una infraestructura para impulsar y acelerar el desarrollo industrial, y más aún: para ayudar a la creación de ventajas competitivas. En muchos países, gran parte de los esfuerzos por aumentar la productividad y la competitividad se pierden por la carencia de una infraestructura adecuada. Con la contribución del Estado y la creación de un clima favorable para el desarrollo, el Japón ha dado una fortaleza sin precedentes a su sector privado.

Otro de los factores fundamentales en el exitoso proceso de desarrollo económico del Japón de la posguerra ha sido la acertada política industrial adelantada y dirigida por el gobierno y, más específicamente, por el poderoso Ministerio de Industria y Comercio Internacional (MITI). Después de la Segunda Guerra Mundial y como parte del programa de reformas para la reconstrucción, el Japón fijó como objetivo nacional de largo plazo "alcanzar económicamente a los países desarrollados de Occidente". Dentro de tal contexto, el gobierno guió a la economía por

---

[5] Esto no significa que la política haya favorecido por igual a hombres y mujeres. De hecho existe una marcada diferencia que en nada favorece al sexo femenino: a pesar de que el 40.6% de los hombres y el 34.5% de las mujeres van a la universidad, sólo el 13% de los técnicos y el 10% de los médicos son mujeres.

[6] Banco Mundial, *World Development Report 1991: The Challenge of Development*, World Bank-Oxford University Press, págs. 6-7.

un acelerado proceso de industrialización. Con ese fin se trazaron una serie de medidas especiales que hoy se conocen como la política industrial del Japón.

Mientras muchos analistas —especialmente los economistas pertenecientes a las escuelas anglosajonas más ortodoxas— aún cuestionan los beneficios y la eficacia de la política económica, el gobierno japonés —en una posición menos ideológica y eminentemente pragmática— ha demostrado con resultados los beneficios de intervenir en la economía, especialmente en aquellos sectores donde el mercado tiene limitaciones para producir resultados que estén de acuerdo con los intereses y objetivos nacionales de largo plazo.

La política industrial es comprendida en el Japón y en los países del A-P como el uso de la autoridad y de los recursos del gobierno con el objeto de solucionar problemas de sectores e industrias específicos, a fin de elevar la productividad de los factores de producción. Por ejemplo, acelerar el proceso de industrialización; transformar las ventajas comparativas a las nuevas realidades del mercado y mantenerlas a través del tiempo; proteger las industrias jóvenes; trazar las directrices para el desarrollo tecnológico y facilitar la transferencia tecnológica[7].

En efecto, durante los años 50 y 60 la política industrial del Japón estuvo enfocada a establecer sectores prioritarios e industrias estratégicas movilizando recursos para su desarrollo, a proteger industrias débiles, a dar guías de inversión, a asignar créditos en monedas extranjeras, a regular los flujos de tecnología, a controlar la inversión extranjera, a dirigir la "administración indicativa" y a publicar periódicamente la visión y los planes sobre el futuro industrial.

Aunque durante los últimos dos decenios la intervención del Estado ha ido disminuyendo gradualmente, la política industrial ha estado enfocada a mantener la capacidad exportadora y competitiva de la industria japonesa en los mercados internacionales.

---

[7] D. Okimoto, *op. cit.*, pág. 8.

En el decenio pasado, la política se concentró en orientar al Japón hacia sectores de alta tecnología, nuevos sistemas, nuevos materiales y tecnología intensiva en conocimiento, tanto en la esfera de la elaboración de productos como en la de la producción y comercialización de la tecnología misma. Como consecuencia de lo anterior, el Japón exporta 360 000 millones de dólares y sólo importa 190 000 millones. ¡Y las exportaciones sólo representan el 12% de su producto interno bruto!

Un elemento fundamental de la estrategia económica japonesa es la continua evolución de su política industrial. En cierta forma, el gobierno japonés estimula la ardua competencia en el mercado nacional y la proyecta para que sus industrias entren a competir con éxito en el mercado mundial. Esto se ha logrado con gran eficiencia y sin sacrificar el bienestar de la clase trabajadora japonesa. De hecho, los japoneses ganan más y manifiestan un mayor grado de satisfacción que los trabajadores de la mayoría de los países desarrollados. Aunque sorprenda, parece que los casos de *karooshi* (muerte por estrés y exceso de trabajo) son en realidad menos frecuentes de lo que se cuenta y que su número se exagera. Si se compara, a manera de ejemplo, la situación de los obreros de tres empresas del A-P: Pohang Steel Co. (fábrica de aceros de Corea), Formosa Plastics (fábrica de plásticos y polímeros de Taiwán) y NEC (del Japón), se observa que los tiempos de trabajo y los niveles de satisfacción de los trabajadores son bastante disímiles. En Corea, los obreros de Pohang Steel Co. trabajan 50 horas semanales y no tienen derecho a días festivos ni a vacaciones. En Taiwán, los obreros de Formosa Plastics trabajan 48 horas semanales y sólo tienen vacaciones una vez al año; además, los ejecutivos trabajan 70 horas a la semana y el gerente cien. En NEC Corporation, los trabajadores trabajan 35 horas a la semana, tienen cuatro semanas de vacaciones al año y reciben bonos para gastos de representación que ascienden a 2 000 dólares anuales por trabajador... Además, ¡cantan el himno de la empresa todos los días!

Por último, el gobierno japonés ha entendido que la cantidad y calidad de la información disponible en una nación es, cada vez más, un factor decisivo en el nuevo esquema de la competencia internacional[8]. La información acerca de los mercados, la tecnología y la competencia ha sido un factor fundamental en la forma como las empresas japonesas toman decisiones y adquieren ventajas competitivas. El gobierno japonés ha desempeñado un papel activo en el aumento de los volúmenes de información disponible y en su procesamiento y su distribución a las empresas a través de publicaciones, estadísticas, seminarios, grupos de estudio, institutos de investigación y aun haciendo uso de la prensa nacional[9]. No obstante, el gobierno también es muy cauteloso en expresar públicamente los detalles de los planes y estrategias futuras en los terrenos industrial y tecnológico, especialmente en los campos dónde el Japón cuenta con ventajas estratégicas.

Comentarios finales

El Estado japonés ha desempeñado un papel de vital importancia como promotor y visionario de los grandes objetivos económicos nacionales. El concepto que encierra el término *amae*, que significa 'conformidad y sumisión al grupo por el bien del país', ha sido utilizado por el gobierno para crear un clima propicio en que el sector empresarial —motor de la economía japonesa— se convierta en uno de los más competitivos y con mayor nivel de *ryo* ('excelencia') del mundo. El papel del Estado se orientó hacia la creación de las condiciones necesarias para que la industria elevara continuamente su nivel tecnológico, de productividad y de competitividad. También para acelerar procesos esenciales en el logro de metas económicas, que de otra forma hubiesen tardado mucho más en producirse. Mediante información, planes indicativos y consulta permanente, el gobierno ha formado un consorcio

[8] Michael Porter, *The Competitive Advantage of Nations*, The Free Press, 1990, pág. 639.

[9] Robert Wade, "Resolving the State-Market Dilemma in East-Asia", documento presentado en el seminario Economic Reforms in Developing Countries: What Can They Learn from Japan, enero de 1994, Universidad Sofía, Tokio.

con el sector privado, lo cual le ha permitido al país unificar esfuerzos en una misma dirección. Tan fuerte es esta alianza que algunos analistas[10] la denominan simplemente *kaisha* ('empresa') o *Japan Inc.* Tal vez el mayor logro del Japón y su aporte al desarrollo económico contemporáneo es haber creado una "cultura de la calidad", una "cultura de la excelencia" que coloca a ese país en una posición de ventaja en el nuevo esquema económico internacional de globalización.

El mejor síntoma de la fortaleza del Japón (y de los países del A-P) es la fortaleza de su moneda. El yen se ha revaluado de 357 (en el año de 1976) a 80 por dólar en el primer trimestre de 1995. Sin lugar a dudas, la principal razón de este fenómeno es su situación de altas tasas de ahorro, altas tasas de inversión, supéravit de exportación y una política de cero impuestos al capital e impuestos a las rentas de alrededor de 25%. Además, la proporción del PIB dedicada al consumo es la más baja de todos los países: Japón, 66.4%; Corea, 64.7%; Singapur, 52.8% y Hong Kong, 38.6%. Ello contrasta con las de los países occidentales industrializados: Alemania, 71.9%; Inglaterra, 86.8% y EE. UU., 87.4%. Allí radica la gran fortaleza del A-P y sobre todo del Japón, pues con exportaciones del 11.6% de su PIB e importaciones de sólo 4.5% genera (y seguirá generando) el mayor superávit comercial de la historia.

---

[10] James Abbedglen (véase nota 2, cap. II). M. Porter, *op. cit.*, pág. 70.

Capítulo V

COREA DEL SUR: PLANEACIÓN Y TECNOLOGÍA

En el vertiginoso desarrollo económico de los países del A-P, quizá la experiencia más sorprendente —en cuanto a magnitud y velocidad— es la de Corea del Sur[1]. La península de Corea —también llamada el "Reino Ermitaño", por su larga historia de sufrimiento y austeridad— carece de recursos naturales y ha sufrido en su historia más de setecientas invasiones. Al finalizar la guerra de Corea en 1953, el país quedó materialmente devastado, sin base industrial y con más de cinco millones de refugiados sin vivienda. Diez años después, el ingreso anual per cápita era de sólo 100 dólares. Hoy, con un ingreso per cápita de alrededor de 8 000 dólares[2], Corea cuenta con algunos de los grupos industriales más grandes del mundo y con un nivel tecnológico comparable al de muchos países desarrollados.

En este capítulo se pretende dar una idea general sobre la visión a largo plazo (planeación) y el proceso de desarrollo tecnológico de Corea. Se pone especial énfasis en la estrategia seguida en los diferentes planes económicos para crear un andamiaje

---

[1] Como lo hemos hecho algunas veces anteriormente, en este capítulo nos seguiremos refiriendo a Corea del Sur simplemente como Corea.

[2] La secuencia de incremento de su ingreso per cápita es muy impresionante: 1950, US $85; 1986, US $2 500; 1988, US $3 000; 1990, US $5 500; 1994, ¡US $8 000!

institucional que permitiera el manejo y el desarrollo de la tecnología industrial del país.

Desde el punto de vista de los objetivos de política económica, la historia económica reciente de Corea (desde 1950) puede dividirse en cuatro períodos: el período de reconstrucción económica después de la guerra; el período de desarrollo económico orientado hacia afuera; la campaña de industrialización durante los años 70 y el período de liberalización durante los años 80. Lo logrado por esta nación en estos últimos 45 años es más que sorprendente. Basta con comparar un país cualquiera, como Colombia (véase gráfico 11), con Corea para apreciar los sucedido en este período. Arrancando de niveles de desarrollo relativamente similares a los de Colombia en 1950, Corea exporta hoy día el equivalente a más de tres veces el PIB de Colombia; su ingreso per cápita equivale a más de cinco veces el de Colombia y su deuda externa es la mitad de la de Colombia, país que sobrelleva la menor carga de la deuda en América Latina.

Años 50: reconstrucción

Después de la guerra, Corea enfrentó un período de inestabilidad económica caracterizado por la alta inflación y la escasez de productos básicos. Los encargados de la política económica, que no contaban ni con la experiencia ni con la estructura administrativa apropiada, decidieron aplicar medidas de alivio económico de corto plazo.

La política industrial se basó en la sustitución de importaciones de productos primarios e intermedios, con grandes limitantes debido al tamaño del mercado interno y a los altos requerimientos de capital. Aún más: a Corea, que sólo contaba con un nivel de ahorro del 3%, éste le era insuficiente para financiar la reconstrucción de la economía[3]. La ayuda extranjera —especialmente

---

[3] Mientras que la tasa de ahorro de Corea era del 3%, la del Japón, en la misma época, era del 25%.

GRÁFICO 11

PIB per cápita Colombia y Corea del Sur

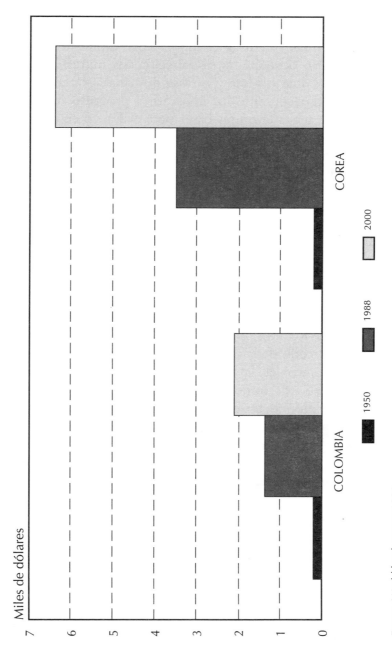

Miles de dólares

COLOMBIA

COREA

1950   1988   2000

Fuente: World bank report 1990

de los Estados Unidos— fue su fuente suplementaria de financiamiento. Durante este período el PIB creció a un promedio del 3.7% anual, mientras el ingreso per cápita creció únicamente 0.7%. No obstante, la distribución del ingreso fue mejorando, gracias a una estricta y exitosa reforma agraria.

Aunque durante los años 50 el progreso fue lento, en ese período se sentaron las bases para el futuro crecimiento económico de Corea del Sur. El aumento de planteles educativos de todos los niveles y la creación de la base industrial fueron factores definitivos para el posterior desarrollo económico del país. Cuarenta años después, Corea tiene 1 250 000 estudiantes dentro del país y 300 000 fuera de él.

Años 60: crecimiento económico orientado hacia afuera

Durante los años 60 el gobierno cambió la estrategia y las metas de desarrollo de la economía coreana. A partir de ese momento se concentró en la promoción de exportaciones en lugar de la sustitución de importaciones. La razón fundamental para este cambio fue la determinación del gobierno de explotar la principal ventaja comparativa con que Corea ha contado tradicionalmente: la producción de manufacturas intensivas en mano de obra. Éste fue el primer paso hacia la creación de una base económica para la industrialización y para el crecimiento sostenido de la economía.

Para alcanzar ese objetivo, Corea contaba con un solo recurso abundante: mano de obra capacitada y disciplinada. El gobierno explotó esta ventaja promoviendo, además, la exportación de productos intensivos en mano de obra. Sin embargo, esta nueva estrategia de desarrollo no hubiera obtenido los frutos que obtuvo si no hubiera sido también por el dinamismo y el alto nivel gerencial de su clase empresarial, formada en el exterior como resultado del esfuerzo coreano en educación. Es importante hacer resaltar que la mano de obra coreana —aun siendo altamente calificada y productiva— fue remunerada inicialmente con bajos salarios, según los parámetros internacionales, y esto hizo posible altas tasas de inversión y una gran capacidad de expansión del sector exportador.

Contrariamente a lo que se cree, Corea cuenta en la actualidad con una mejor distribución del ingreso que la de los países en vías de transformación. Desde 1965, la distribución gradual del ingreso ha sido resultado del alto crecimiento de la tasa de empleo. Esto ha producido una mayor capacidad adquisitiva del mercado interno, a la vez que mejores tasas de ahorro, y ha ayudado a la labor del gobierno para incrementar la infraestructura del país.

Con la intención de fortalecer la estrategia general de desarrollo, se ejecutaron en este período un conjunto de medidas económicas de gran eficiencia y eficacia. Para hacer que los productos coreanos fueran más competitivos en los mercados internacionales, el *won* (moneda coreana) fue devaluado en cerca del 100% y se adoptó en 1965 una tasa de cambio flotante pero controlada. El gobierno estableció, así mismo, incentivos tributarios y deducciones en los aranceles a las importaciones y a los productos para la exportación y dio respaldo a la negociación de créditos internacionales. La tasa real de interés para ahorradores fue elevada, de tal manera que la tasa de ahorro pasó de 3.2% en 1965 a 14.5% en 1971. El gobierno tomó el control de las actividades crediticias de los bancos privados, a fin de encauzar recursos financieros hacia sectores industriales estratégicos.

Con los dos primeros planes quinquenales de desarrollo económico (1962-1966 y 1967-1971), el gobierno concentró sus acciones en promover un desarrollo industrial selectivo y en crear una infraestructura para la industrialización. Las industrias seleccionadas por el gobierno en ese momento fueron: generación eléctrica, carbón, cemento y fertilizantes. Al mismo tiempo se promovió la expansión de industrias intensivas en mano de obra, orientadas hacia la exportación. Las industrias de este tipo habían surgido, en su gran mayoría, por iniciativa del sector privado.

Impulsada por el crecimiento en las exportaciones, la economía alcanzó en ese período una tasa de crecimiento promedio de 8.7% y un crecimiento anual del ingreso per cápita de 6.9%.

Durante los años 60 se llevó a cabo el despegue industrial de Corea. Los primeros pasos del proceso de industrialización estuvieron guiados por una estrategia tecnológica cuyo objetivo principal era la creación de una base tecnológica nacional propia. Con tal fin se ejecutaron tres tipos de medidas:

1. Medidas encauzadas al establecimiento del marco legal e institucional para la promoción y manejo de la ciencia y la tecnología.
2. Medidas para facilitar y acelerar la importación (compra o inversión extranjera) de tecnología aplicada a los procesos productivos.
3. Medidas para expandir la educación, la capacitación y el entrenamiento en materia de tecnología aplicada e ingeniería.

Con estos tres tipos de medidas, el gobierno coreano puso énfasis en ciertos aspectos fundamentales para la creación de la base tecnológica: desarrollo de capacidad para absorber tecnología; desarrollo de recursos humanos en varios niveles y aumento en el volumen y en la velocidad de la transferencia internacional de tecnología desde el exterior.

Desde el punto de vista institucional, el paso más importante para el desarrollo tecnológico de Corea fue el reconocimiento explícito de la necesidad de impulsar la ciencia y la tecnología. Al igual que los japoneses, los líderes coreanos entendieron la necesidad de modernizarse tecnológicamente en forma sistemática. El gobierno tomó la iniciativa en la promoción de la ciencia y la tecnología, trazando una política nacional en esta materia. Como organismo coordinador de esta política, se creó en 1967 el Ministerio de Ciencia y Tecnología. Se establecieron, además, otras entidades, como el Instituto Coreano de Ciencia y Tecnología (KIST), al que se encargó la creación de un sistema nacional de investigación y desarrollo; el Instituto Coreano para el Desarrollo (KDI) y el Instituto Coreano de Ciencias Avanzadas (KAIS), al que se encomendó la formación de científicos e ingenieros de alto nivel para la industria. Finalmente, a lo largo de todo el país se abrieron numerosos centros vocacionales para la formación de trabajadores especializados y técnicos[4].

La escasez de recursos humanos en los campos de la ciencia y la tecnología es una de las limitantes más serias para el desarrollo económico de los países en vías de transformación. En este sentido, el gobierno coreano entendió la necesidad de crear una infraestructura para el desarrollo de recursos humanos en ciencia y tecnología. Las ideas que fundamentaron este sistema fueron: establecer un plan de desarrollo de recursos humanos de largo plazo; reincorporar a los coreanos educados en el exterior; fortalecer los programas de ingeniería en las universidades (a través de los KAIS); aumentar el número y la calidad de los centros vocacionales y los colegios técnicos y establecer un sistema nacional de calificación técnica.

Años 70: promoción de las industrias pesada y química

Durante los años 70, Corea enfrentó cambios políticos y económicos que la indujeron a promover la industria pesada y la industria química. Cuando, por razones políticas, los Estados Unidos anunciaron su determinación de reducir la ayuda militar a Corea, el gobierno se vio forzado a construir una industria pesada con objetivos militares. Económicamente, la primera crisis petrolera dejó ver en forma clara la vulnerabilidad de Corea a "choques energéticos" externos. El hecho de que otros países con más bajos costos laborales empezaran a competir en el mercado

---

[4] Hyung Sup Choi, Technology Development in Developing Countries, Asian Productivity Organization, 1986, págs. 273-282.

103

internacional, también hizo que los productos tradicionales coreanos se volvieran menos competitivos.

A causa de estos cambios externos, el gobierno coreano decidió reorientar su estrategia. Esta vez se orientó hacia el desarrollo de las industrias pesada y química y hacia el aumento de la producción agrícola. No obstante, el principal obstáculo para ejecutar este programa fue su alto costo financiero. Recursos provenientes de créditos externos, de los fondos de pensiones, del ahorro privado y de créditos adicionales de los bancos privados fueron canalizados hacia la fabricación de barcos, automóviles y acerías; hacia las industrias de metales no ferrosos y hacia la petroquímica. Gran parte de estos recursos fueron movilizados a tasas de interés artificialmente bajas y muchas veces negativas. Dado que estas industrias trabajan con base en economías de escala y teniendo en cuenta que el mercado nacional era muy pequeño, el gobierno autorizó su producción monopolística a fin de acelerar su crecimiento y asegurar su presencia en los mercados internacionales. Otro sector en el que se llevaron a cabo importantes reformas fue el sector agrícola. Con el objetivo de acortar la distancia entre el sector industrial altamente productivo y el agrícola de muy baja productividad, el gobierno incrementó la inversión pública y el crédito en ese sector e introdujo un programa de precios de sustentación para los productos agrícolas.

Los años 70 se consideran el período de más rápido crecimiento de la industria coreana. Hasta ese entonces la estrategia del gobierno había estado centrada en la expansión de la capacidad total de la producción, principalmente a través de la importación de bienes de capital. El tercero y el cuarto planes quinquenales de desarrollo económico pusieron el énfasis en la promoción de la industria pesada y la industria química, a fin de fortalecer la infraestructura del sector exportador y hacer más compleja la estructura industrial de Corea. Con tal propósito, el gobierno concentró la mayor parte de su apoyo financiero y de sus incentivos en el desarrollo de la gran industria, que se consideró como el nuevo pilar estratégico de la industrialización. A partir de este

Tabla 4
Conglomerados coreanos
(1993)

Grupo	Ventas	Porcentaje del PIB
Samsung	36 134	9.24%
Hyundai	35 885	9.18%
Goldstar	17 593	4.50%
Daewoo	17 346	4.44%
Sunkyong	11 078	2.83%
Ssangyong	8 295	2.12%
Kia	7 062	1.81%
Hanwha	3 871	0.99%
Lotte	1 962	0.50%

Calculado con el PIB (PPP) de 1993, 391 billones de dólares.
Fuente: Asiaweek, octubre 26, 1994.

momento la organización industrial de Corea se ha caracterizado por la existencia de grandes conglomerados industriales *(chaebol)*, como Hyundai, Daewoo, Goldstar y Samsung (véase tabla 4).

Como respuesta de Corea a la nueva política industrial del Japón (según la cual las industrias contaminantes y consumidoras de recursos naturales —como la industria pesada y la industria química— fueron reorientadas hacia industrias "limpias"), el gobierno decidió atraer industrias japonesas relacionadas con el hierro y el acero, la metalmecánica, los astilleros, las bicicletas, las cerámicas y el cuero. En Corea las consideraciones ambientales aún no tenían tanto peso y las repercusiones en el desarrollo industrial o en el empleo se consideraban más importantes[5].

El tercer plan económico quinquenal de 1972 decidió hacer a las industrias pesada y química las industrias estratégicas para

[5] Juan Carlos Mondragón, *The Route to Knowledge Intensive Technology: The Case of Japan and Korea's Technological Development*, (1990), tesis de maestría, International University of Japan.

el desarrollo, pero como la producción de esas industrias requería dos recursos con los cuales Corea no contaba, capital y tecnología, el gobierno coreano creó un clima favorable a la importación y financiación de tecnología para estas industrias. El volumen de importación de bienes de capital fue tan grande, que llegó a representar más del 20% de la inversión total durante los años 70.

El éxito de la transferencia de tecnología durante este período se debió en gran parte a que en los contratos de compra de tecnología en el exterior siempre se incluyó el suministro del *know-how*. En esta forma se incentivó la adquisición de tecnología por parte de los empresarios coreanos y se limitó la inversión extranjera directa en estas industrias específicas. Esto dio cierta independencia al desarrollo tecnológico y fortaleció la capacidad de absorción tecnológica del país.

Años 80: liberalización

En los años 80 el gobierno reorientó la política económica nuevamente con el fin de reducir la inflación, promover sectores nuevos para la industrialización y reducir la intervención del gobierno en la economía. Con este fin se congeló todo nuevo proyecto en el sector de maquinaria pesada, lo que permitió la adjudicación de créditos a industrias livianas y pequeñas de alta tecnología. Después de dos decenios de restricciones se dio comienzo a una liberación selectiva de importaciones, con el fin de abrir la economía a la competencia internacional.

La segunda crisis petrolera y la inestabilidad política interna produjeron en 1980 una severa contracción de la economía coreana. El PIB disminuyó en un 4.8%; era la primera vez que la actividad económica disminuía en los años de la posguerra. No obstante, a partir de 1981 la inflación se mantuvo en niveles bajos. El control monetario, las continuas reducciones en el déficit del gobierno (de 4.7% en 1981 pasó en 1988 al 1%) y las restricciones en el alza de los salarios, hicieron posible la estabilidad de precios de la que, aún hoy, goza Corea.

Durante los años 80 el gobierno tomó medidas especiales para reducir las prácticas monopolísticas y liberalizar aún más las importaciones y el sector financiero. Debido al creciente superávit en la balanza comercial, el gobierno de los Estados Unidos —el principal socio comercial de Corea— hizo fuertes presiones para acelerar esas reformas. Como resultado de ello, se abrieron varios mercados, las importaciones se liberaron desde un 68% en 1979 hasta un 92% en 1986, los aranceles fueron reducidos en promedio a un 20% y se hicieron menos rígidas las restricciones a la inversión extranjera. Con estas reformas, la economía creció a un promedio del 8.4% anual.

Ejemplo de este acelerado proceso de industrialización es el siguiente: A principios de los años 80 Corea exportaba sólo 50 000 automóviles a los Estados Unidos, a mediados del decenio la cifra alcanzaba 600 000 unidades, y en 1990 el número llegó a 900 000 vehículos. En síntesis, así empezó Corea a llenar los requisitos para ser un país desarrollado.

El cuarto plan económico, promulgado en este decenio, concentró su atención en la diversificación de la base industrial. Se puso énfasis en el desarrollo de industrias intensivas en tecnología, como las de electrónica, química y maquinaria. Al mismo tiempo se prestó gran atención a la diversificación y al mejoramiento de la calidad de la base exportadora. En este período se dieron los primeros pasos para la exportación de bienes de capital, plantas y materiales de producción a países vecinos del A-P y a países del Oriente Medio. Allí comenzaron los coreanos a participar en grandes obras de ingeniería y proyectos de infraestructura.

A fines de los años 80 y principios de los 90 la adopción de nuevas tecnologías se aceleró aún más a través de nuevas medidas del gobierno coreano. Esta vez las leyes y regulaciones que controlaban la importación de tecnología fueron liberados, y el sector privado tomó la iniciativa de acelerar la compra de tecnología. Se adquirió así un gran número de plantas completas, especialmente del Japón y de los Estados Unidos, siempre con el respectivo *know-how* adjunto. Varias de las grandes compañías coreanas, como Hyunday, Daewoo[6], Lucky Goldstar y Samsung, entraron en asociaciones con empresas extranjeras (Hitachi, NEC, AT&T y Siemens). En esta forma, los socios coreanos aseguraron el uso de tecnologías que, por ser consideradas tecnologías de punta, son difíciles de comprar en el mercado mundial. Al mismo tiempo se crearon los incentivos necesarios para que un cuantioso grupo de científicos e ingenieros coreanos residentes en el exterior —principalmente en los Estados Unidos— regresara a trabajar en institutos de investigación, en laboratorios y en cargos de gerencia. El resultado de esta nueva estrategia fue la consolidación de un sistema de adquisición de tecnología más flexible, liderado ya por la iniciativa privada y que tenía capacidad para responder a cambios inesperados en los mercados mundiales.

Paralelamente, un gran avance en la estrategia tecnológica de Corea fue la creación de numerosos laboratorios y centros de investigación y el desarrollo de industrias estratégicas. Estas instituciones —en las que había participación tanto del KIST como de la empresa privada— centraron su trabajo en tecnologías con aplicaciones comerciales y, paralelamente, empezaron a expandir la capacidad para el desarrollo de tecnologías básicas.

Hacia el año 2000

Corea ha sido capaz de desarrollar su industria en un período sorprendentemente corto. Al igual que el Japón, creó ventajas competitivas en sus industrias mediante el empleo eficiente de tecnología aplicada a la producción y gracias a una fuerza laboral educada y entrenada de acuerdo con las necesidades de la industria nacional y capaz de responder a las cambiantes demandas del mercado mundial.

---

[6] Hyundai, que en coreano significa 'moderno', logró ventas por 36 000 millones de dólares en 1993. Daewoo, cuyo nombre significa 'universo', registró en el mismo año ventas por 17 000 millones de dólares.

El desarrollo industrial de Corea se ha llevado a cabo, en forma ordenada y sistemática, en períodos de aproximadamente diez años. En términos generales, se han cumplido las directrices de los planes quinquenales de desarrollo económico. Cada período ha estado acompañado de una estrategia de desarrollo tecnológico cuya concepción fundamental puede resumirse en la siguiente forma: introducir tecnología avanzada apropiada —proveniente de los países desarrollados—, asimilarla, adaptarla, mejorarla y difundirla; promover al mismo tiempo la capacidad nacional para el desarrollo tanto de tecnologías industriales como de tecnología básica. La realización en 1993 de la Feria Mundial de Ciencia y Tecnología en Teijon es sólo la confirmación de este fenómeno.

El desarrollo tecnológico de Corea ha sido, así mismo, producto de la cooperación entre el gobierno y el sector privado, que han facilitado la transferencia, la absorción y la difusión de tecnología extranjera. La educación y el entrenamiento han desempeñado un papel fundamental en el desarrollo de la capacidad de absorción de tecnología y en su rápida incorporación al sistema productivo. No sólo los alfabetizados llegan al 98%, sino que la política de estímulos a la educación incluye la no prestación del servicio militar para los mejores estudiantes, la educación totalmente gratuita para los mejores clasificados y la seguridad de empleo al término de los estudios. Actualmente los estudiantes coreanos ocupan los primeros lugares en las olimpiadas académicas, que son tanto o más populares que las olimpiadas deportivas. En Corea es probable que los dos tipos de personas más reconocidas como amantes de su patria sean los estudiantes exitosos y los exportadores. A ambos se reconoce una posición especial dentro de la sociedad.

A partir de los años 80 Corea ha concentrando sus esfuerzos en el ajuste de su capacidad de producción hacia la elaboración de productos de mayor valor agregado y de mayor contenido de alta tecnología. No obstante, Corea está aún enfrentada a la necesidad de aumentar sus niveles de productividad, de calidad y, por lo tanto, de competitividad, para poder dar respuesta a las presiones de otros NIE y de los dinámicos países de la ASEAN. Como en el caso del Japón, la economía coreana ha alcanzado altos niveles de competitividad en un número limitado de categorías de productos. Vista a través del tiempo, la composición de su economía ha ido variando en grandes términos, de acuerdo con la política del gobierno, inspirándose siempre en la necesidad de aumentar continuamente el valor agregado de la producción, mediante el desarrollo y el fortalecimiento de industrias intensivas en conocimiento. En 1981, por ejemplo, la industria textil era la mayor industria en Corea; en 1990 las industrias electrónica y de maquinaria industrial han sobrepasado a la textil y se espera que esta tendencia continúe hasta principios del próximo siglo.

El gobierno de Corea se ha puesto como meta convertirse en una nación desarrollada para el año 2000. A fin de cumplir con ese objetivo, el Ministerio de Ciencia y Tecnología preparó el "Plan científico y tecnológico de largo alcance hacia el año 2000". En ese plan, el gobierno reconoció la dificultad de competir simultáneamente en todos los campos del mercado mundial. Teniendo en cuenta esto, se identificaron las ramas específicas, en las cuales se podrán conseguir ventajas competitivas para el siglo XXI:

1. Ramas con rentabilidad económica a corto plazo, como las de la informática, los productos químicos especializados y la maquinaria de precisión.
2. Ramas que puedan ser exitosas a mediano plazo, como las de la biotecnología y los nuevos materiales.
3. Ramas relacionadas con el medio ambiente, la salud y el bienestar social.
4. Ramas con futuro promisorio a mediano y largo plazo, como la oceanografía y la aeronáutica.

5. Ramas de ciencias y tecnologías básicas, que deberán ser el soporte de todo el aparato científico y tecnológico del futuro[7].

Con base en el desarrollo en estos campos, Corea espera lograr su objetivo de unirse, a finales del siglo, al grupo de los países desarrollados del mundo.

---

[7] Ministerio de Ciencia y Tecnología de Corea, *Introduction to the Science and Technology, Republic of Korea 1990*, 1990, págs. 16-23.

Capítulo VI

MALASIA: LA CREACIÓN DE VENTAJAS COMPETITIVAS

En la mayoría de los "Dragones Asiáticos", o NIE, el impulso inicial en el proceso de industrialización se derivó de las ventajas comparativas obtenidas por los bajos costos de la mano de obra o por la disponibilidad de recursos naturales. Durante las primeras etapas de su industrialización, estos países se concentraron en el suministro al mercado mundial de recursos naturales y productos de regular calidad con bajos precios, provenientes de industrias intensivas en mano de obra. El fundamento de esta estrategia era que la mano de obra barata y la propiedad de recursos naturales daban ventajas comparativas para competir internacionalmente.

Si bien lo anterior ha formado parte del dogma de la teoría económica neoclásica tradicional, los hechos recientes indican que, de acuerdo con la nueva dinámica de la economía mundial, es más importante la incorporación de valor agregado a la producción —mediante el uso de tecnología aplicada y de mano de obra calificada— que tener recursos naturales o mano de obra barata. Éste es el nuevo fenómeno de las *ventajas competitivas*, que consiste en alcanzar niveles de productividad que aseguren competitividad en los mercados internacionales y, por lo tanto, tasas de crecimiento sostenibles en el largo plazo. Esto quiere decir que, aun sin recursos naturales y con mano de obra altamente remunerada, los países pueden susperar la ausencia de ventajas comparativas creando ventajas competitivas, como ha ocurrido en varias naciones del A-P. Esto se hace fabricando productos con valor agregado. Ningún otro país parece más indicado para ilustrar este argumento que Malasia. En particular, durante el período de consolidación de industrias de tecnología intermedia: desde 1985 hasta 1995.

La sociedad malaya

Malasia formaba parte —como lo describían Joseph Conrad y Somerset Maugham— del paisaje colonial de los Mares del Sur. Su sociedad es una colcha multirracial en donde los chinos controlan la economía; los hindúes, los sindicatos y la profesión jurídica; los malayos, población nativa, la burocracia gubernamental, la política, los tribunales, la policía y las fuerzas armadas. Las presiones contra la unidad interna van más allá de lo político y administrativo. La oposición islámica, por ejemplo, sigue presionando para que el *syaria* (ley islámica) reemplace el sistema legal heredado de la Gran Bretaña y para que el *sunna* (reglas, de inspiración divina, del profeta Mahoma) sustituya la "infiel" Constitución malaya. Los activistas más extremos pretenden incluso que la ciencia y la tecnología se subordinen al Islam, para salvaguardarlas así de la infiltración de los "valores" occidentales. En Malasia son visibles las grandes diferencias que existen entre estas tres razas milenarias que, desde 1969, han encontrado un equilibrio social y político después de haber sellado un "pacto" satisfactorio estable. Ello ha permitido un gran auge económico del país y que Kuala Lumpur —su capital, con combinación de contrastes entre Londres, El Cairo y Yakarta— tenga el tercer mercado de capitales de Asia y una bolsa que alcanza una capitalización de 250 000 millones de dólares. Petronas —la empresa estatal que produce 600 000 barriles de petróleo al día y que representa el 8% del PIB de Malasia— construye actualmente el edificio más grande y más costoso de Asia. Cuando sea terminado, en 1995, su valor superará los 1 500 millones de dólares.

El éxito de la economía malaya durante los últimos decenios

El despegue económico de algunos países de la ASEAN constituye la tercera ola de desarrollo de la región del A-P. El desarrollo de la región estuvo encabezado por el sorprendente crecimiento de la economía japonesa durante los tres decenios pasados. Siguió el despegue de los NIE durante los años 70 y, posteriormente, el de los países de la ASEAN en los años 80.

El desarrollo de la economía malaya ha sido sorprendente. Entre 1965 y 1980 el PIB de Malasia creció, en términos reales, a un promedio anual del 9.8%. Entre 1980 y 1988 la tasa de crecimiento del PIB fue de 7.5%, y los últimos años han mostrado tasas de crecimiento aún más altas: 9.2% en 1989, 9.8% en 1990, 8.7% en 1991, 8.0% en 1992 y 1993 y 8.8 en 1994. Estas altas tasas de crecimiento hicieron posible el pleno empleo y un ingreso per cápita de más de 3 000 dólares.

El elemento fundamental que se halla detrás de todo este proceso ha sido el acelerado crecimiento de las exportaciones, especialmente de las exportaciones de manufacturas. Entre 1988 y 1992, por ejemplo, las exportaciones pasaron de 20.1 billones de dólares a 40.4 billones, lo que significa un aumento del 100% en cinco años. Como reflejo de tal situación, las exportaciones tienen ya una participación que supera el 50% del PIB.

En el caso malayo, tiene gran importancia la radical transformación de la composición de las exportaciones. La exportación de productos intensivos en materias primas aumentó del 4.0% al 8.8%. Al mismo tiempo, la exportación de productos no intensivos en materias primas pasó del 5.3% al 37.4%. Y las exportaciones de manufacturas pasaron de representar un 9.5% del PIB en 1975 a 48.6% en 1992. Esto denota una clara y rápida transición hacia exportaciones de productos con valor agregado acompañada de un cambio en la estructura industrial y en la adquisición de nuevas tecnologías.

La composición industrial malaya experimentó un cambio sustancial en los años 80. Es evidente que desde principios de este decenio el sector manufacturero se convirtió ya en el motor del crecimiento. Este sector contribuía en 1980 con el 19.6% del PIB; en 1992 esa contribución era ya del 29.3%. Las industrias más dinámicas y de mayor participación dentro del sector manufacturero han sido las de productos eléctricos y electrónicos (especialmente microelectrónicos), equipos de transporte, productos metalmecánicos, textiles y confecciones y productos manufacturados de caucho. Por el contrario, la participación de los sectores agrícola y minero ha disminuido durante los últimos años. El sector agrícola pasó de constituir un 22.9% del PIB en 1980 a representar el 16% en 1992. La misma tendencia se mostró en el sector de la minería, que en el mismo período pasó del 10% al 8.7% en 1992. Durante este proceso, el sector agropecuario fue protegido con altas barreras para atender las necesidades nacionales, al mismo tiempo que se modernizó para desplazar trabajadores hacia las zonas urbanas.

Es simplista afirmar que las economías del A-P se desarrollaron sólo gracias al sector manufacturero. Por el contrario, el sector agropecuario también desempeñó un importante papel. En efecto, la mayoría de los países del A-P que dependían del sector agropecuario en los años 60 y 70 se modernizaron no *a pesar de* sino *gracias a su apoyo*. Malasia es un buen ejemplo ilustrativo de esta situación. En 1965, el 89% de todas las exportaciones de Malasia estaba constituido por productos agrícolas. Actualmente esta proporción es ligeramente superior al 26%.El sector agrícola, con su renovada dinámica, generó excedentes que sirvieron de inversión al sector industrial. Otro caso para mencionar es la experiencia de Indonesia y de Tailandia, países que produjeron impresionantes aumentos en la exportación de productos agrícolas al mismo tiempo que disminuyeron la dependencia de este sector como fuente de divisas y aumentaron también la producción y la exportación industriales. El sector agropecuario sirvió así de trampolín para una utilización más eficiente de los recursos humanos en los sectores urbano y manufacturero.

Las ventajas competitivas son dinámicas

Hace ya varios decenios Schumpeter subrayó que la competencia es un fenómeno de carácter profundamente dinámico: "La naturaleza de la competencia económica no es el equilibrio sino un estado permanente de cambio"[1]. En este contexto, las ventajas competitivas son dinámicas y es posible crearlas en el tiempo. Las naciones que han entendido la naturaleza dinámica —tanto en el ámbito nacional como en el internacional— de la competencia y de las ventajas competitivas han podido estructurar sus economías con altos grados de flexibilidad en la producción y en el manejo de la información, lo cual les permite hoy navegar en los mares cada vez más difíciles de los mercados mundiales. Ésta ha sido la experiencia de economías como las del Japón, Taiwán, Corea, Singapur y Malasia.

En el mundo actual la existencia de recursos naturales no asegura ventajas competitivas

Existen pocos ejemplos de países en los cuales la dotación de recursos naturales haya sido capaz de producir a lo largo del tiempo aumentos constantes en el crecimiento de la productividad total de los factores de producción. Mucho menos de haber podido mantener altos niveles de salarios, disminución de la tasa de desempleo y mejoramiento del nivel de vida por períodos largos. Al contrario, la gran mayoría de países desarrollados han tenido éxito en la

---

[1] Citado en Michael Porter, *The Competitive Advantages of Nations*, The Free Press, 1990, pág. 70.

medida en que han sido capaces de estar a la vanguardia tecnológica y de comerciar productos que constituyen una gran porción del consumo internacional y tienen un alto valor agregado.

La existencia de recursos naturales da ventajas estratégicas pero no asegura necesariamente ventajas en la competencia internacional. Las ventajas comparativas en recursos naturales —cuando las hay— están dadas por las condiciones del mercado internacional, especialmente por los intermediarios. El mercado internacional de recursos naturales se caracteriza actualmente por una creciente tendencia hacia la globalización y hacia la interdependencia, lo cual ha llevado a precios extremadamente competitivos y a márgenes de ganancia muy pequeños. En la nueva estructura de la economía mundial, lo que genera ventajas competitivas es el acceso al suministro estable de materias primas y la capacidad de agregarles valor. En la mayor parte de la actividad manufacturera, el costo de las materias primas es sólo una pequeña porción del costo total. Las ventajas reales se producen a partir del uso de tecnologías industriales, nuevos diseños y estrategias de comercialización para penetrar en los mercados internacionales[2].

Permanente modernización del aparato industrial: progreso tecnológico

En los últimos decenios la competencia internacional ha sido cada vez más fuerte. Países como el Japón, los NIE y los de la ASEAN han entendido que la prosperidad nacional depende de la capacidad de modernizar permanentemente su industria; es decir, de asegurar una dinámica de progreso tecnológico. Modernizar el aparato industrial significa ser capaz de generar continuamente ventajas competitivas en sectores cada vez más amplios y complejos de la industria nacional.

---

[2] Danaraj Nadarajah, *Technology Transfer Experience of Malaysia: Acquiring Technology for an Industrial Paradigm Shift*, 1993, The United Nations University, págs. 2-6.

Para fortalecer su competitividad internacional, los países de nivel industrial medio tienen que convertir sus industrias nacionales —intensivas en mano de obra y recursos naturales— en industrias intensivas en tecnología y capital. Sólo así podrán reducir costos de producción (diferentes a salarios), aumentar la automatización, generar valor agregado para los productos y servicios de las industrias de exportación, desarrollar la capacidad de investigación y desarrollo, incrementar la competitividad internacional de las industrias y mejorar la capacidad nacional de producción de bienes intermedios y de capital. En los países que, como Malasia, lo han hecho, su estructura económica, en su totalidad, ha pasado a un nivel más alto de valor agregado[3].

Transferencia de tecnología

Para hacer posible la transición hacia industrias de mayor valor agregado es requisito indispensable incorporar nuevas tecnologías al proceso productivo; esto es, tecnologías aplicadas a la producción. En los últimos decenios ha surgido un gran mercado de tecnología industrial —especialmente de tecnologías "estandarizadas"— que hace posible que los países que van llegando tardíamente al proceso de industrialización puedan adquirir nuevas tecnologías. En este sentido, es fundamental la capacidad para trazar y ejecutar una estrategia de adquisición y negociación de tecnología, que garantice los intereses del país comprador. Tal estrategia debe tener entre sus componentes esenciales la identificación del tipo de estructura industrial, las tecnologías requeridas para sostenerla, la selección de las industrias potencialmente competitivas en el ámbito internacional, los canales de transferencia de tecnología y los mecanismos para su financiación.

---

[3] MITI, Prospects and Challenges for the Upgrading of Industries in the ASEAN Region, 1993, págs. 6-7.

Productividad, la clave del crecimiento sostenido

La productividad de la economía es el factor que determina a largo plazo los niveles de vida de una nación. Es ella la que determina el nivel del ingreso per cápita. Dicho de otra manera, la obtención de un mejor nivel de vida depende de la capacidad de una nación y de sus industrias para alcanzar altos niveles de productividad internacionales y para incrementar la productividad de cada uno de los factores de producción en el tiempo. Como requisito fundamental para que esto sea posible, las economías deben tener capacidad para asegurar el flujo tecnológico y la modernización de su aparato industrial en forma permanente. Esto incluye, por supuesto, el desarrollo de mano de obra capacitada en el manejo de la tecnología.

Para corroborar la importancia de la productividad en el incremento de la producción nacional, la experiencia de Singapur —que ha servido de ejemplo a Malasia— es admirable: entre 1981 y 1988 el producto interno bruto de Singapur creció a un promedio anual del 6.1%. En el mismo período la productividad del trabajo aumentó en un 4.7%, contribuyendo en un 77% al crecimiento del PIB. Esto quiere decir que, si se hubieran mantenido los niveles de productividad de 1981, el PIB hubiera sido 30% menos de lo alcanzado; o, analizándolo de otra manera, se habrían necesitado 478 000 trabajadores adicionales para obtener el mismo nivel de producción[4]. Al poner en práctica las anteriores consideraciones estratégicas, la economía malaya puede mostrar múltiples casos exitosos en la creación de ventajas competitivas, como los siguientes:

---

[4] National Productivity Board Singapore, *Productivity 2000*, 1990, págs. 2-4.

Creación de ventajas competitivas en el caucho

Malasia ha ocupado lugares de preeminencia mundial en el sector agrícola. El hecho de reorientar la mayor parte de su estrategia económica hacia sectores manufactureros de mayor valor agregado no significó que la agricultura pasara a segundo plano. Este sector sigue empleando aproximadamente un 27% de la fuerza laboral, es vigoroso y mantiene gran dinámica dentro del proceso de redefinición de la industrialización de la economía malaya.

En el sector de la producción de caucho, donde ha ocupado el primer puesto mundial, Malasia está moviéndose rápidamente hacia la manufactura de productos derivados. La ventaja comparativa en la producción de caucho le ha facilitado hacer fuertes inversiones en innovaciones tecnológicas para aumentar su productividad y rendimiento. Esto es especialmente evidente en dos pilares de la agricultura de Malasia: el caucho y el aceite de palma.

La península malaya produce, junto con Tailandia e Indonesia, el 90% (cerca de 1.2 millones de toneladas por año) del caucho del mundo. A pesar de que la superficie sembrada con caucho ha disminuido, la producción se ha sostenido gracias a mayores niveles de productividad, que se han obtenido intensificando la investigación, reduciendo costos, aplicando tecnología de punta (por ejemplo, sembrando clones de alta productividad) y disminuyendo los tiempos de la resiembra. Con aproximadamente tres millones de habitantes que dependen del caucho para su sostenimiento económico, el país ha asegurado que mantendrá el nivel de modernización para sostenerse como uno de los mayores productores mundiales.

El caucho es el ejemplo más ilustrativo del afán de crear ventajas competitivas en sectores donde se tienen ventajas comparativas. Actualmente las ganancias obtenidas por la venta de productos derivados del caucho superan considerablemente las obtenidas por el venta del caucho natural. Los mayores dividendos han sido para los productos de látex (guantes y preservativos) y para los productos de uso industrial (bandas, sellantes, empaques, etc.), los cuales, en razón de su calidad y bajos costos, son ampliamente competitivos.

El objetivo malayo es continuar el desarrollo sólido de nuevos productos derivados del caucho que permitan abrir nuevos y lucrativos mercados. Actualmente, se está fortaleciendo con nuevos métodos la producción de utensilios médicos y de neumáticos. Éstos últimos, por estar fabricados a partir de recursos renovables y ser "ambientalmente amigables", están llamados a ser muy competitivos en el mercado internacional. Mientras la productividad promedio en Sudamérica es de 500 kg de látex por hectárea, el promedio actual en Malasia está en cerca de 1 500 kg por hectárea. Además, ya existen en laboratorio clones que permitirán una producción de 4 500 kg por hectárea. Lo más admirable es que los malayos realizan cerca del 85% de la investigación mundial necesaria para obtener estos avances. Como fruto de esa investigación, se ha logrado reducir el período de maduración de siete años y medio, lo que hará del caucho natural un producto más atractivo y competitivo que el caucho sintético. Se proyecta convertir a Malasia, en los próximos años, en el centro mundial del caucho procesado y en el primer productor de artículos de látex.

Creación de ventajas competitivas para el aceite de palma

El aceite de palma es el aceite vegetal más consumido en el mundo después del de soya. El 52% de la producción mundial y el 75% de las exportaciones mundiales se originan en Malasia. Con aproximadamente dos millones de hectáreas cultivadas, la industria del aceite de palma es la actividad agrícola más importante del país.

A fines de los años 60, el gobierno estimuló deliberadamente el cultivo de la palma para reducir la dependencia del caucho. Institucionalmente, el sector es manejado celosamente por PORLA (Palm Oil Registration and Licensing Authority), entidad creada en 1977 para coordinar y promover todos los aspectos relacionados con la industria, al igual que para asegurar un estricto control de calidad en todas las etapas de la producción.

La introducción de variedades uniformes de palma ha facilitado la estandarización de la industria para producir un artículo homogéneo. Los rendimientos son impresionantes y explican por qué el precio del aceite de palma es tan competitivo. Mientras que una hectárea de soya produce anualmente 300 kg de aceite, una hectárea de palma produce 3 500 kg al año. La palma de aceite tiene, además, una duración cercana a los 20 años. Como la demanda mundial de aceite vegetal viene creciendo año tras año, los malayos lo ven como una industria con un futuro casi seguro. Tan sólo valores dietéticos que sólo ofrecen los aceites de oliva podrían afectar estas proyecciones optimistas.

Es de señalar que sólo el 2% de la producción se exporta en su estado natural. El resto es refinado en oleína de palma, en destilados de ácido graso y otras formas procesadas de mayor valor agregado, que forman parte de las ventajas competitivas creadas por este país. Malasia exporta productos derivados del aceite de palma, como margarina, detergentes y materia grasa.

La tecnología desarrollada en Malasia, junto con la que se ha importado gracias a alianzas tecnológicas con compañías extranjeras, le ha permitido mantenerse como líder en productividad, diversificación e innovación de los productos relacionados con esta industria.

Creación de ventajas comparativas en la industria eléctrica y electrónica

Durante los años 60 y 70 Malasia tomó una serie de medidas de política industrial con el fin de introducir en los sectores eléctrico y electrónico industrias intensivas en mano de obra orientadas hacia las exportaciones. En una primera etapa, el principal canal para la adquisición de tecnología de semiconductores fue la inversión extranjera directa, especialmente la proveniente de empresas de los Estados Unidos y del Japón. Posteriormente —durante los años 80 y principios de los 90—

la composición de la industria electrónica viró del ensamblaje de semiconductores hacia sectores de mayor valor agregado, tales como la fabricación de productos electrodomésticos. Como resultado de esto, en 1992, cuando las exportaciones de manufacturas representaron el 69.8% del total de las exportaciones, las exportaciones de la industria eléctrica y electrónica representaron el 47%. Este sector constituye hoy el 28.8% del PIB.

La creación de ventajas competitivas en este sector ha sido el resultado de la acción decidida del gobierno a través del MIDA (Malaysian Industrial Development Authority). En la etapa inicial, atrajo inversión extranjera y, posteriormente, se tomaron medidas para obligar a las empresas extranjeras a transferir tecnología tanto a los trabajadores como a los subcontratistas nacionales. Actualmente Malasia es uno de los líderes mundiales en exportación de semiconductores, equipos de aire acondicionado y equipos audiovisuales. De acuerdo con la clasificación del GATT, en 1992 Malasia fue el país exportador número 25. En 1980 no clasificaba entre los primeros 50. El éxito exportador de este país ha sido también el resultado de importantes desarrollos en infraestructura y capacitación, tanto de los trabajadores de las empresas como de la mano de obra de origen rural no calificada.

Comentarios finales

Durante los primeros años de desarrollo, entre 1950 y 1965, Malasia centró su esfuerzos en el fortalecimiento de industrias intensivas en mano de obra y recursos naturales, que eran los dos elementos más abundantes en la península. Con posterioridad a 1965 y hasta 1980, y como parte de un modelo de crecimiento orientado hacia afuera e impulsado por las exportaciones, la economía malaya comenzó a exportar productos provenientes de esas industrias. A principios de los años 80, como resultado de una decisión estratégica, la estructura industrial y exportadora del país se orientó hacia productos manufacturados con una creciente porción de valor agregado. Es sorprendente cómo un país con liderazgo mundial en caucho, palma africana, estaño y otros productos básicos haya alcanzado, en tan corto tiempo, una participación de las manufacturas en el total de las exportaciones cercana al 50%.

Tanto los empresarios como el gobierno entendieron que las nuevas realidades económicas mundiales exigen la creación de valor agregado en la industria, aumentos constantes en la productividad mediante el progreso tecnológico y la capacitación de mano de obra calificada. Sólo así las naciones modernas pueden asegurar a sus ciudadanos un creciente nivel de vida, objetivo último del desarrollo económico.

Muchos países en vías de transformación se encuentran en la encrucijada en que estaba Malasia a fines de los años 70. Ante la necesidad de incorporar masivamente tecnologías industriales del exterior al sistema productivo nacional y de desarrollar paralelamente programas masivos de capacitación, ¿debe el país renunciar a sus ventajas tradicionales? ¿O, por el contrario, es con base en ellas como se entra en la dinámica de la incorporación constante de valor agregado a la producción, de los aumentos continuos de la productividad y del fortalecimiento de la competitividad? En el actual momento económico no produce ventajas contar con mano de obra barata y con recursos naturales; ni tampoco garantiza el desarrollo de ventajas competitivas. No aceptar este argumento lleva a una visión estática de la competencia y a la pérdida de competitividad internacional. No se trata de desconocer la importancia de los recursos naturales ni de la mano de obra. Se trata, más bien, de reconocer la necesidad de incorporarles valor agregado mediante el uso de tecnologías modernas y la capacitación de la mano de obra.

Capítulo VII

SINGAPUR: DESARROLLO DE RECURSOS HUMANOS PARA EL SIGLO XXI

Es un hecho universalmente aceptado entre los países del A-P que en el siglo XXI el éxito o el rezago económico estará determinado por el desarrollo de los recursos humanos de cada país. Los que cuenten con una fuerza laboral altamente calificada y productiva serán los únicos capaces de ser y mantenerse competitivos. Esta conclusión, fruto de la exitosa experiencia económica de los países del A-P, puede "estirarse" un poco más para afirmar que, en adelante, más que la existencia de recursos naturales, lo verdaderamente crítico es la capacitación del recurso humano, el respeto por la educación, el trabajo y la disciplina. Singapur (de *singa*, 'león' y *pura*, 'ciudad') es modelo de un trabajo organizado, disciplinado y de alta calidad en el desarrollo de los recursos humanos. Desde su constitución como estado independiente, en 1965, su líder, Lee Kuan Yew, reconoció que la clave y única opción para el avance del país residía en el entrenamiento, el desarrollo y la calificación de su fuerza de trabajo. El desarrollo de este recurso fue el vehículo que facilitó la adquisición y asimilación de *know-how* extranjero y que transformó a Singapur de una nación atrasada en una nueva economía industrializada. Ésta es, sin duda alguna, la lección más importante del éxito económico de Singapur.

Tres decenios de desarrollo

Durante los últimos tres decenios, Singapur ha alcanzado un progreso económico igualado por pocos países en el mundo. Singapur, que en 1965 empezó su vida independiente como una nación pobre y atrasada, con un ingreso per cápita inferior a 400 dólares y con una tasa de desempleo superior al 14%, es hoy uno de los "Dragones" o NIE de Asia, con un ingreso per cápita de 16 500 dólares, que después del Japón es el más alto del A-P, y con pleno empleo.

Es prácticamente imposible hablar de Singapur sin referirse a Harry Lee, más conocido como Lee Kuan Yew. En Singapur se repiten permanentemente dos nombres: sir Stamford Raffles y Lee Kuan Yew. El primero fundó a Singapur en 1819, después de comprar la isla por una pequeña suma de dinero que entregó al sultán de Johore, quien quedó feliz con el negocio. En ese entonces Raffles era director de comercio de la famosa compañía British East India Company. Su visión era que el estrecho de Malaca sería la principal vía comercial entre Oriente y Occidente. Hoy Singapur es el segundo puerto de carga del mundo y el primero en el manejo de contenedores.

Cuando Lee Kuan Yew visitó a Jamaica en 1970, dijo: "Si me hubieran dado una isla de este tamaño, cerca de los Estados Unidos, en lugar de una tan pequeña, pobre y sucia, cuánto hubiera podido hacer..." En efecto, él encontró a Singapur pobre, llena de chozas chinas (kamponys) construidas sobre estacas para evitar los peligros de las cobras y los tigres de Bengala. Hoy en día, Singapur es la perla de Oriente: tiene la mejor infraestructura de telecomunicaciones; la mayor concentración de bancos e instituciones financieras fuera de Tokio o Hong Kong; un vasto número de centros comerciales; el edificio más alto de Asia (el Banco Overseas Union) y el hotel más alto del mundo (el Westin Stamford, de 76 pisos). En pocas palabras, es casi un perfecto jardín con diseño británico pero con el mayor número de edificios "inteligentes" del mundo. Allí está prohibido mascar chicle; las multas se registran electrónicamente; los delicuentes por droga son condenados a la pena de muerte y los delincuentes menores reciben azotes con palo de ratam; las máquinas dispensadoras de los bancos permiten a los clientes averiguar acerca del movimiento de la bolsa y comprar acciones bursátiles. Singapur, una ciudad que tiene la opulencia de Beverly Hills y la eficiencia de Suiza, será dentro de tres años la primera ciudad para no fumadores del mundo.

Todo eso y mucho más es el milagro llamado Singapur o "Ciudad León". El milagro fue realizado hace 35 años por Lee Kuan Yew, quien —a diferencia de otros líderes, como Mao en China, Pandit Nehru en India, Ho Chi Minh en Vietnam y Sukarno en Indonesia— tuvo éxito en trasladar su visión revolucionaria a la práctica de la administración político-económica de su país (véase recuadro 6, página 130).

Singapur es actualmente un "centro global de negocios" donde operan más de tres mil compañías multinacionales en las ramas de la manufactura, el comercio internacional, las finanzas y los servicios. El gobierno sustenta el principio de mantener una relación cercana con las compañías locales y multinacionales para asegurar un futuro promisorio sobre la base de la transferencia permanente de tecnologías. Para el año 2000 Singapur aspira a ser un país desarrollado, con un nivel de vida como el de Suiza y con un grado de competitividad tan alto como para asegurarse el liderazgo comercial a largo plazo. Con tal fin, en el futuro, Singapur concentrará su acción en tres aspectos: Primero, continuar desarrollando una fuerza laboral que sirva de recurso para industrias de alta tecnología, compañías de servicios altamente tecnificados y un gobierno eficiente e innovador. Segundo, con base en el progreso tecnológico acumulado durante 30 años, el gobierno de Singapur continuará promoviendo el desarrollo de más altos niveles de especialización y competitividad en el sector de los servicios en ramas de más alto valor agregado y complejidad. Y tercero, las compañías locales seguirán redoblando esfuerzos para convertirse en empresas globales. Esto es, compañías capaces

Recuadro 6

LEE KUAN YEW: LIDERAZGO

En varias oportunidades se ha mencionado la importancia que han tenido las visiones de largo plazo en el despegue económico de los países del Asia-Pacífico; son como bitácoras de viaje o planes de vuelo de los distintos pueblos de la región. Pero hay que añadir que detrás de cada visión hay un líder y que la mayoría de ellos aún viven. Tal es el caso de visionarios como Deng Xiaoping en la China, Lee Kuan Yew en Singapur, Mahathir Mohamad en Malasia, Park Chung Hee en Corea, Chiang Kai-shek en Taiwán y Suharto en Indonesia. En el caso del Japón el liderazgo ha sido más de naturaleza colectiva: el gobierno Meiji del siglo pasado y el Ministerio de Industria y Comercio (MITI) durante los primeros decenios de la posguerra.

El caso de Lee Kuan Yew es de especial interés, tanto por lo reciente y bien documentado como por lo debatido en sus métodos y planteamientos políticos. Lee, de origen chino, ha sido el arquitecto del destino de Singapur desde su lucha anticolonialista y separatista. Desde hace ya más de tres decenios el país de Lee viene dando pasos importantes hacia la sociedad posindustrial. Usando como pilares de su liderazgo los principios confucianos de autoridad y orden, ha sacrificado libertades individuales en "bien de los objetivos y de la prosperidad nacionales". Lee ha conducido a esta pequeña nación-Estado de casi tres millones de habitantes hasta alcanzar el título de país más competitivo del mundo. Singapur es también uno de los centros comerciales y de servicios más importantes de la región, alberga tres mil multinacionales, tiene la tercera capacidad de refinación de petróleo del mundo y tanto su aeropuerto como su puerto marítimo son los más eficientes del planeta.

de ver y entender el mundo entero como su centro de operaciones, capaces de integrar recursos globales y capaces de consolidar sus vínculos internacionales[1].

---

[1] Economic Development Board, *Year Book 1990-91*, págs. 1-7.

Desarrollo de recursos humanos

Dada la absoluta falta de recursos naturales, pues hasta agua potable se importa de Malasia, Singapur ha dependido para su desarrollo económico casi exclusivamente del talento y la calificación de su población. En este contexto, la educación y el entrenamiento han sido los pilares básicos del éxito económico de esta pequeña nación. Ellos han permitido la adquisición, asimilación y desarrollo de tecnología y de *know-how* extranjeros. Aún más: según el gobierno, la educación es el único instrumento mediante el cual a cada individuo se le da igual oportunidad para que progrese en la sociedad. "La función del gobierno es proporcionar oportunidades", dice Sinnatharaby Rajaratnam, ideólogo del PAP (Partido de Acción Popular o People's Action Party, del cual Lee Kuan Yew es presidente). Y añade: "Es la única responsabilidad del gobierno". Esto hace que Singapur no sea un Estado benefactor, es decir, un Estado que asume las responsabilidades de sus individuos. Las únicas garantías que tienen asegurados los ciudadanos de Singapur son la educación y un ambiente de paz y seguridad.

Los dos sectores industriales más importantes de Singapur son el electrónico y el de refinación de petróleo. También posee una vasta infraestructura de servicios, dentro de la cual se destaca el sector de las telecomunicaciones. Por ello, entre otras ventajas, los petroleros que trabajan en Indonesia y los comerciantes que dependen de Tailandia, Filipinas, Vietnam, Camboya o Laos prefieren tener su residencia y su sede principal en Singapur.

La estrategia para el desarrollo de recursos humanos de Singapur se ha guiado por tres principios básicos: Primero, educar a cada individuo hasta su máximo potencial. Segundo, desarrollar una fuerza laboral que responda a las necesidades de cualquier industria a nivel mundial. Y tercero, el entrenamiento y la actualización deben ser continuos. Una institución de apoyo de gran importancia en este proceso ha sido el *Skills Development Fund*, fondo proveniente del 1% de los salarios de los trabajadores, destinado a aquéllos que ganan menos de 750 dólares por mes, para financiar los programas de entrenamiento y actualización emprendidos por las compañías[2].

La productividad del trabajo es decisiva

Como Singapur cuenta con una fuerza laboral muy limitada, los aumentos continuos en los niveles de productividad han sido decisivos para mantener un crecimiento económico sostenido. A su vez los altos niveles de productividad han sido también un factor decisivo en su nivel de competitividad. Singapur parece haber demostrado que no es el nivel de los salarios el que determina per se la competitividad de un país: si los trabajadores tienen altos niveles de productividad, los salarios altos no restan necesariamente competitividad a la fuerza laboral. Visto de otra forma, si la productividad del trabajo es baja, la fuerza laboral será menos competitiva, sin importar que tan bajo sea el nivel de los salarios. Una demostración de lo anterior es que entre 1981 y 1988 el PIB de Singapur creció a un promedio anual del 6.1%. En el mismo período la productividad del trabajo aumentó a un promedio de 4.7%, contribuyendo en un 77% al crecimiento del PIB. Si la productividad hubiera permanecido estática, el PIB en 1988 hubiera sido 30% menos que el obtenido.

El concepto de productividad desde la óptica de Singapur

Productividad es —en su definición más simple— sinónimo de eficiencia. El concepto de productividad con el cual se ha trabajado en el desarrollo de los recursos humanos de Singapur es un concepto mucho más amplio. En pocas palabras podría resumirse

---

[2] Economic Development Board, *Economic Development of Singapore, 1960-1991*, pág. 15.

como una actitud mental que conlleva esfuerzos para alcanzar el *hábito de mejorar permanentemente.*

Dentro de esta concepción más amplia e integral, la productividad es, ante todo, una actitud personal de mejoramiento continuo de conocimientos, habilidades, disciplina, esfuerzo individual y trabajo en equipo. Adicionalmente, la productividad es una actitud empresarial de mejor gerencia y mejores métodos de trabajo, mejor tecnología, eficaz reducción de costos y puntualidad.

Esta nueva concepción de productividad se ha promovido gradualmente en Singapur durante algo más de un decenio, tanto en el orden nacional como en el individual y el de las empresas. A partir de esta concepción amplia de productividad, se han establecido acciones específicas para el desarrollo de los recursos humanos en Singapur:

Mejoramiento continuo de las habilidades de los trabajadores

El mejoramiento continuo de las habilidades de los trabajadores se ha llevado a cabo ante todo a través del *mejoramiento de la infraestructura de entrenamiento.* Con el fin de optimizar resultados, tanto el equipo de instructores como el contenido y la tecnología para la instrucción han sido mejorados continuamente. El entrenamiento ha sido planeado, estructurado y llevado a cabo de acuerdo con los objetivos de los empresarios y no únicamente con los del gobierno.

Desde comienzos de los años 70 se crearon *estímulos para que las compañías entrenaran a sus propios trabajadores.* Esto respondió al principio de que son las organizaciones las que deben mejorar continuamente la calificación de sus trabajadores.

Por último, se ha promovido el *desarrollo de una fuerza laboral flexible.* Esto es, trabajadores que tengan capacidad para responder rápidamente a las transformaciones tecnológicas. Ello se logró mediante la formación de trabajadores entrenados consecutivamente en varias actividades industriales.

Prácticas gerenciales progresivas

Las acciones tendientes a desarrollar los recursos humanos no se han centrado exclusivamente en el mejoramiento de la calidad de los trabajadores. El desarrollo de la fuerza laboral en la esfera gerencial ha sido también un elemento de gran importancia en los adelantos en productividad y competitividad de Singapur. Se han hecho grandes esfuerzos para promover prácticas especiales de manejo para altos niveles de gerencia. Dada la complejidad de los negocios y la naturaleza cambiante del mundo económico durante los últimos años, la formación de gerentes capaces de crear y aplicar métodos gerenciales innovativos ha sido decisiva para alcanzar altos niveles de productividad en Singapur. Las diferentes compañías han sido estimuladas para que, de acuerdo con su estado de crecimiento y evolución, adopten prácticas gerenciales que sigan los siguientes principios fundamentales:

- Énfasis en la calidad y la satisfacción de los consumidores.
- Reducción y control de costos.
- Manejo de tecnología de la información.
- Entrenamiento y motivación para el manejo de nuevas tecnologías.

Cooperación entre las empresas

Singapur también ha promovido entre sus empresas el concepto de *cooperación para competir*. El gobierno ha sido consciente de que la competencia entre las diferentes compañías ha creado nuevos mercados. No obstante, recientemente ha empezado a promover la formación de un espíritu de colaboración entre las empresas a fin de generar economías de escala, aumentar la productividad y acelerar el desarrollo de nuevos mercados. En este caso la motivación —compartida por todos los países del A-P— es que las compañías en el ámbito nacional deben complementarse y aunar esfuerzos para ser competitivas en los mercados mundiales.

Cooperación obrero-patronal

El gobierno de Singapur también ha centrado gran parte de su acción en el logro de un pacto social. El consorcio gobierno-patronos-trabajadores y la creación de una cultura alrededor de este concepto han sido el eje de la cooperación obrero-patronal en Singapur. Este consorcio ha sido promovido con el fin de mejorar las relaciones industriales y la productividad de las empresas.

Existe consenso en Singapur acerca de que el manejo de la información como recurso estratégico es tanto o más importante que el manejo financiero de una empresa. A través del uso rápido y eficaz de la información, las compañías pueden mantener sus ventajas competitivas. Por ello se ha promovido la creación de sistemas de información no sólo entre los gerentes y los trabajadores sino entre los mismos trabajadores. La comunicación y el manejo de la información en la economía global son ahora tan importantes como la producción o el mercado.

Como la fuerza laboral ha venido mejorando sus niveles de educación, las expectativas acerca de su futuro y sus condiciones de trabajo también han aumentado. Con el fin de cumplir con estas expectativas, las compañías han elaborado programas para mejorar las condiciones de trabajo a través de estructuras organizativas que permitan una más equitativa evolución de los trabajadores. De la misma manera como se hace en el Japón, también en Singapur se pretende cambiar la idea de que la edad, después de los 55 años, incide negativamente en la capacidad de trabajo. Por ello se han creado programas de manejo, reubicación y motivación de empleados mayores de 50 años, de tal forma que aporten a la empresa lo mejor de sus conocimientos y capacidades[3].

---

[3] Véase: National Productivity Board Singapore, "The First 10 Years of the Productivity Movement in Singapore", 1991, National Productivity Board Singapore, *Productivity 2000*, 1990; Economic Development Board, *Singapore Unlimited*, Yearbook 1992/1993.

Comentarios finales

La gran lección aprendida de la experiencia económica de Singapur es que para mejorar constantemente los niveles de competitividad, productividad y, en consecuencia, los niveles de vida de una nación, se requieren el desarrollo y el mejoramiento continuo de los recursos humanos. La calidad de la fuerza laboral es quizá el elemento más importante para crear y mantener las ventajas competititvas de una nación en un mundo globalizado. Educación y entrenamiento constituyen dos de los instrumentos más importantes con que cuenta un gobierno para mejorar continuamente su aparato industrial en el largo plazo. La experiencia de Singapur ha demostrado que es fundamental trazar una política que integre los sistemas de educación y entrenamiento nacionales con las necesidades de las empresas.

El desarrollo de los recursos humanos en Singapur han sido realizado con la visión de que toda persona económicamente activa debe ser reentrenada ocho veces durante su vida laboral. Tal ha sido el éxito alcanzado por Singapur en todos estos aspectos, que, después de visitar ese país, el dirigente chino Deng Xiaoping envió 400 delegaciones de estudio en 1978, y otras tantas en los siguientes cinco años.

Así, Singapur se ha convertido en uno de los principales exportadores de *software* y transferencia de tecnología "blanda", en el campo del desarrollo y el manejo de los recursos humanos.

Capítulo VIII

TAIWÁN: LA PARTICIPACIÓN DE LA PEQUEÑA Y LA MEDIANA INDUSTRIA EN EL PROCESO DE INDUSTRIALIZACIÓN

El caso de Taiwán es especialmente interesante para las economías en vías de transformación por ser un país con una altísima participación de la pequeña y la mediana industria (PMI)[1]. Ésta representa el 97.2% de la producción de Taiwán, con cerca de 795 000 unidades (véase gráfico 12). Taiwán tiene, además, la característica de ser un país exportador intensivo en el uso de tecnología. Con un crecimiento sostenido promedio de 8.7% en los últimos treinta años, aunque entre los NIE no ha sido el país que más rápido ha crecido, sí es el que más estabilidad ha logrado en su crecimiento. Taiwán tiene una economía orientada hacia el mercado internacional, con una producción de alto valor agregado y que se desarrolló con miras a lograr un elevado nivel tecnológico. Hoy día es, además, uno de los líderes en el desarrollo propio de productos intensivos en tecnología.

Como se ha dicho anteriormente, en los NIE existen rasgos similares en la política tecnológica y en el proceso de industrialización, pero Taiwán ofrece lecciones adicionales muy valiosas

---

[1] PMI = pequeña y mediana industria, definida como empresas con un capital pagado inferior a 1.6 millones de dólares, más de 200 empleados y/o con producción anual superior al millón de dólares.

GRÁFICO 12

Participación de la PMI en el proceso de industrialización, 1990

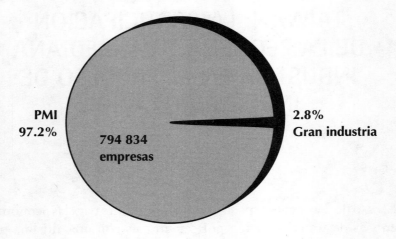

PMI
97.2%

794 834
empresas

2.8%
Gran industria

por tener una estructura económica basada en la PMI, que ha sido y sigue siendo el motor de su cultura exportadora. Hace 30 años sólo tenía un grupo de vendedores con maletín viajando por el mundo, tratando de conseguir contratos de exportación sin siquiera poder ofrecer un catálogo de productos... pues no tenía en qué hacerlo. Hoy, fruto de su gigantesco nivel de exportaciones, ha acumulado las mayores reservas internacionales del mundo.

El proceso de industrialización

Después de la Segunda Guerra Mundial, la de Taiwán era aún una economía básicamente agrícola. Sus primeras empresas fueron un grupo de compañías que confiscó a los japoneses para ser convertidas en empresas públicas. Estas empresas eran, básicamente, refinerías de petróleo, ingenios azucareros y plantas eléctricas. Otros sectores más pequeños, como el del cemento y el del papel, continuaron siendo privados. Simultáneamente se llevó a cabo una estricta reforma agraria que consiguió una distribución altamente equitativa de la tierra. Esto ayudó a convertir el capital de los antiguos grandes terratenientes en capital industrial.

A principios de los años 50 el Estado poseía el 57% de la producción industrial. De allí nació la necesidad de introducir un plan de privatización que redujo gradualmente este porcentaje a un 10% a finales de los años 80. Todavía subsisten sectores que son principalmente estatales, como el petróleo y el acero, con control tanto de la producción como de los precios. En los años 50 el gobierno taiwanés apoyó el desarrollo de industrias que sustituyeran importaciones de productos como los textiles y los alimentos procesados, aprovechando la importación de maquinaria y tecnología de los EE. UU. bajo el programa de asistencia técnica y ayuda financiera de los Estados Unidos a países del Tercer Mundo (USAID). Éste había sido el compromiso de Truman y Marshall con Chiang Kai-shek.

En los años 60 se establecieron en Taiwán las primeras industrias orientadas a las exportaciones, respondiendo a un amplio programa de promoción de exportaciones liderado por el gobierno. Desde 1965 se tomaron medidas como el establecimiento de las export processing zones ('zonas francas'), que se convirtieron en un gran motor de la industrialización, la producción para exportar y el aumento de la transferencia de tecnología. En el sector agrícola, la nueva política fue producir especialmente para la exportación.

En los años 70 Taiwán continuó promoviendo las industrias orientadas a la exportación y ejecutó diez proyectos de construcción para mejorar la infraestructura y promover sectores industriales básicos por más de 1 000 millones de dólares. También trazó una política económica para la promoción del desarrollo de industrias pesadas. El hierro, el acero, la construcción naval y la industria petroquímica fueron desarrolladas a través de una inversión masiva hecha por empresas públicas. El resto de la inversión, realizada por firmas extranjeras, se encauzó hacia las grandes industrias exportadoras, y el esfuerzo local se orientó hacia el desarrollo de PMI. Sin embargo, a fines de ese decenio

Taiwán se vio afectado por la segunda crisis del petróleo, y las empresas estatales de construcción naval y de petroquímica sufrieron un considerable retroceso.

En los años 80, el gobierno se concentró en el desarrollo de industrias avanzadas, designando ramas de alta tecnología, como las de computadores electrónicos, procesamiento de datos, maquinaria y automóviles, como "industrias estratégicas". La manera de promover estas industrias fue otorgando incentivos para la inversión extranjera, para proyectos de investigación y desarrollo y para transferencia tecnológica de fuentes externas. La mayor parte de estos incentivos tomaron la forma de financiación de bajo costo y de incentivos tributarios. En 1984 se creó el programa llamado *Central-Satellite Factory*, por medio del cual el gobierno estimuló a las compañías líderes a establecer vínculos y transferir tecnología a las pequeñas y medianas industrias. A comienzos de los años 90 Taiwán tenía en el ITRI (Industrial Technology Research Institute), o Instituto de Investigación Tecnológica Industrial, más de 6 500 empleados (48% con posgrado) y un presupuesto de 385 millones de dólares.

La política industrial para la PMI

La política macroeconómica de Taiwán siempre ha incorporado consideraciones especiales e incentivos para la creación y la promoción de PMI. El gobierno siempre se ha preocupado por dar un especial impulso a la creación de "proyectos-semilla" que sirvan para fortalecer industrias prioritarias en su proceso de formación.

En términos generales, durante los tres primeros decenios de la posguerra, el desarrollo de la PMI comenzó con industrias intensivas en mano de obra, se continuó con industrias exportadoras de manufacturas livianas y posteriormente se impulsaron las industrias intensivas en capital o tecnología. Es decir, se pasó de las industrias de bajo valor agregado a las industrias de alto valor agregado, siguiendo un orden en cuanto a su promoción, así:

1) Industrias que favorecieran la sustitución de importaciones, con el fin de reducir la salida de divisas.
2) Industrias intensivas en mano de obra orientadas a la exportación.
3) Industrias químicas y de maquinaria pesada, para proveer de materias primas y maquinaria al resto de la industria nacional.
4) Industrias intensivas en capital y tecnología orientadas a la exportación.
5) Industrias avanzadas tecnológicamente que producen artículos, servicios y tecnología para los mercados globales.

Para los años 90, el gobierno de Taiwán estableció criterios aún más complejos para la selección de las PMI estratégicas. Éstas empezaron a ser promocionadas conforme a los siguientes criterios: PMI que pertenecieran a un sector con alto potencial dentro del mercado internacional; PMI con una posición promisoria dentro del desarrollo industrial, de tal manera que se convirtieran en punta de lanza dentro del desarrollo tecnológico nacional; PMI con un alto valor agregado, bajos niveles de contaminación ambiental y bajo consumo energético.

Con arreglo a estos criterios, se escogieron algunos sectores para promover PMI en ramas tales como las de telecomunicaciones, informática, electrodomésticos, semiconductores, maquinaria de precisión automática, artículos aeroespaciales, materiales avanzados, productos químicos especiales, fármacos, productos médicos y sanitarios, productos para el control de la contaminación. Esta selección de industrias con tecnologías estratégicas se hizo con el fin de encauzar todos los recursos de inversión y desarrollo hacia dichas ramas. Con el fin de establecer programas de investigación, entrenamiento y educación media se estimuló a los estudiantes a especializarse en estas ramas y a que ojalá posteriormente crearan su propia empresa. Uno de estos casos fue Acer, empresa que pasó de tener 11 empleados y una facturación de 5 millones de dólares a tener 8 200 empleados, 70 oficinas en 27 países y una facturación de 2.8 billones de dólares en 22 años. Para lograr resultados como éste se requirieron decisión e instrumentos. Entre los principales instrumentos para promover la PMI en Taiwán, podríamos enumerar:

1) *Incentivos arancelarios*. Taiwán estableció un sistema de descuento de aranceles de importación e impuestos indirectos para materia prima destinada a fabricar productos de exportación. También se disminuyeron los controles de importación para bienes intermedios y bienes de capital requeridos por la industria exportadora.
2) *Incentivos tributarios*. El gobierno ofreció varios incentivos tributarios, como la exención de impuestos sobre ganancias por exportaciones; se aumentaron las reservas de capital; se hizo una exención de impuestos para las industrias estratégicas.
3) *Financiación*. Desde los años 60 se ofrecieron programas especiales de financiamiento a PMI exportadoras.
4) *Parques tecnológicos*. Una de las más grandes realizaciones en este campo fue la creación del Hsinchu Science and Industrial Park para intensificar la investigación y el desarrollo industrial (véase recuadro 7).
5) *Metas y visión*. La fijación de metas y la visión han sido un importante instrumento aplicado a través de ocho planes de desarrollo desde 1953. Estos planes, de cuatro años cada uno, han esbozado la política tecnológica que ha orientado proyectos específicos de desarrollo exportador.

La constante, desde que se inició el proceso de industrialización taiwanés, ha sido la cooperación y coordinación entre el sector público y privado para la elaboración de la política económica. Esto ha facilitado que su ejecución haya sido más rápida y eficaz. Una vez trazadas las guías de política industrial, el gobierno distribuye el presupuesto de los diferentes organismos oficiales y de las entidades operativas semioficiales que contratan una buena parte de sus obras con el sector privado. El ITRI,

Recuadro 7

PARQUES INDUSTRIALES Y TECNOLÓGICOS

Una experiencia del Asia-Pacífico de la que mucho se puede aprender es la relacionada con los parques industriales y tecnológicos. El primer parque tecnológico de Asia se inauguró en el Japón en 1950, bajo los auspicios y la dirección de la Universidad Standford de los Estados Unidos. Con 103 parques tecnológicos en la actualidad, el Japón es el país con la segunda concentración de este tipo de parques, después del Silicon Valley, en California (Estados Unidos).

Además del Japón —en donde fue fundada la ciudad científica de Tsukuba, 200 000 habitantes, dedicada a la ciencia y a la tecnología—, se tienen experiencias exitosas en Taiwán (Hsinchu Park), Corea (Daeduk), Singapur, Australia (Adelaide), la China (Shanghai), Hong Kong (HK Industrial Technology Center), Malasia (Kulim), India (Software Park, en Bombay) y Tailandia (Tharamaset). Aunque estos parques no son los únicos, sí son los más representativos y exitosos en Asia.

Entre los parques industriales de Asia merece especial atención el de Hsinchu (Taiwán). Situado a cien kilómetros de Taipei, se ha convertido en líder de la investigación aplicada a productos de alta tecnología y alto valor agregado. Hsinchu es, sin lugar a dudas, uno de los principales factores del gran éxito industrial y manufacturero de Taiwán. Basta mencionar algunas cifras: la tercera parte de los computadores y la mitad de los escáneres que se producen en Taiwán se fabrican dentro de Hsinchu. Taiwán produce el 10% de todos los computadores y el 55% de todos los escáneres del mundo. De igual forma, Hsinchu produce la mayoría de tarjetas electrónicas (con microchips) y circuitos integrados y tiene a tres de los más grandes fabricantes operando dentro del parque. En el parque trabajan 30 000 empleados, de los cuales el 48% tienen título profesional (la mayoría ingenieros). Hay además 150 fabricantes industriales —entre ellos 30 multinacionales— y todo inversionista que opera en el parque está exento de impuestos y tiene acceso a la mejor infraestructura de comunicaciones de la región. A finales del decenio el parque estará produciendo 37 800 millones de dólares

y gastará 1 900 millones de dólares en investigación industrial
y transferencia tecnológica. Aunque el parque tiene 380 hectáreas de extensión, en la actualidad sólo ocupa 200. Dentro del
parque funciona, además, una universidad, en la que se gradúan
anualmente entre 4 000 y 5 000 ingenieros.

A pesar de que los parques industriales y tecnológicos fueron
creados por los gobiernos, hoy el sector privado ha asumido entre
un 40% y un 70% de su control, según el caso. En ocho ciudades
de la China funciona el programa de parques tecnológicos Torch,
que están encargados de identificar nuevas tecnologías externas
y adaptarlas al medio local. Allí es el gobierno el que promueve,
desarrolla y genera las investigaciones sobre aparatos electrónicos y nuevos materiales.

instituto privado pero subsidiado, sirve de intermediario del
gobierno. Además, es la entidad encargada de acelerar el desarrollo de la tecnología industrial y de efectuar la correspondiente
difusión tecnológica en el sector privado.

Desde los comienzos del proceso de industrialización fueron
constituidas varias asociaciones industriales dedicadas a programas específicos para la PMI. En 1985, la Comisión de Innovación
Económica, que tiene representación del gobierno, de las empresas y de dirigentes académicos, se estableció como un órgano
consejero provisional para ayudar a estructurar las directrices
relacionadas con la competitividad internacional de Taiwán. La
Comisión formó unos subcomités industriales y de comercio que
trabajan activamente para promover el flujo de información y de
opinión entre el sector público y el privado. Una de las sugerencias
de esta comisión fue fortalecer las asociaciones industriales y
comerciales para incrementar su participación en la planeación
del desarrollo industrial de Taiwán.

Haciendo un análisis retrospectivo, se constata que en el
proceso de desarrollo industrial de Taiwán se han fijado unas
metas y obtenido unos resultados muy concretos. Desde mediados
de los años 50, el gasto en I&D (investigación y desarrollo) ha

sido del 1.8% del PIB, pero está proyectado para que llegue al 3% en el año 2000. El gasto ha sido destinado para ingenierías (78.4%); estudios médicos (4.5%); estudios agrícolas (9.9%); ciencias naturales (5.2%); ciencias sociales y humanidades (1.9%). Es claro cómo la prioridad la tiene la tecnología por encima de la investigación básica. En total, la investigación aplicada cubre el 90% del gasto de I&D. Consecuentemente, un alto porcentaje de estudiantes se capacitan en ingeniería y existen incentivos y facilidades especiales en disciplinas técnicas. Sólo en Hsinchu Park trabajan 30 000 empleados (48% de ellos son ingenieros) y cada año se analizan las hojas de vida de cerca de 6 000 ingenieros solicitantes. Las inversiones en educación han crecido significativamente en los últimos 30 años; el gobierno ha definido como una de las principales prioridades el aumento de la calidad educativa y no sólo la cobertura de ésta.

Como resultado de las medidas descritas, la estructura industrial de Taiwán ha cambiado radicalmente en los últimos 30 años. Mientras que en 1960 el 78% de la economía estaba constituido por la industria tradicional, el 18% por la industria pesada y el 3% por la industria intensiva en tecnología, en 1993 sólo un 35% de la economía estaba constituido por la industria tradicional, el 37% por la industria intensiva en tecnología y el 33% por la industria pesada. Más interesante aún: el 44% de las exportaciones manufactureras provienen de la industria intensiva en tecnología, el 21% de la industria pesada y el 35% de la industria tradicional. Estos cambios en la estructura económica de Taiwán se dieron en un proceso de industrialización basado en una política tecnológica con creciente grado de modernización.

La relación entre la PMI y la gran empresa

Como ya lo señalamos, en Taiwán el 97.2% de la producción y el 60% de las exportaciones son realizados por PMI. Por ser un sector de alta participación dentro de la economía, el gobierno mantiene los apoyos financieros y otros mecanismos que facilitan su desarrollo tecnológico continuo. Esto se ha realizado mediante una coordinación con las grandes empresas, muchas de las cuales son de carácter público, o han sido privatizadas o reestructuradas por el gobierno. La transferencia de tecnología y las *joint ventures* son, además, las dos formas más conocidas como se relacionan la PMI y la gran industria en Taiwán.

Otro de los programas exitosos (mencionado anteriormente), el *Central Satellite-Factory*, se inició en 1984 para la promoción de industrias satélites[2]. Funciona a través de incentivos para que las grandes empresas se vinculen a este esquema de producción. Con esta clase de interrelación empresarial se promueve la transferencia de tecnología con bajo costo y el beneficio de la supervisión de las empresas que mejor conocimiento y control tengan sobre mercados nuevos y productos nuevos.

La estrategia de Taiwán para mejorar la base tecnológica

Taiwán adoptó la estrategia de promover el desarrollo de la tecnología industrial. Ésta consistió en impulsar el proceso de mejora tecnológica a través de la interacción de la isla con actores claves de la economía internacional. La esencia de esta política residió en el esfuerzo por incrementar la presencia de firmas transnacionales tanto en la forma de inversión directa como en la de compra estable de componentes manufacturados en Taiwán.

El interés de las industrias extranjeras por Taiwán comenzó en los años 60, como resultado de las mejoras en la infraestructura y la creación de incentivos para los inversionistas extranjeros. Esto hizo de la isla un sitio atractivo para nuevas fábricas, particularmente ensambladoras que podían aprovechar también el bajo

---

[2] En Taiwán las "industrias satélites" son aquéllas que se vinculan a uno o más procesos de producción de una empresa en particular. Tal es el caso de las empresas fabricantes de autopartes o componentes para aparatos electrónicos. La idea de este sistema es asegurar la transferencia de tecnología de grandes empresas fabricantes de productos terminados hacia las PMI productoras de bienes intermedios.

costo de la mano de obra. Adicionalmente, la formación de zonas francas fortaleció el atractivo de la isla.

Inicialmente la transferencia tecnológica fue lenta, pues la mayoría de las actividades eran de ensamble. Las zonas francas funcionaban como enclaves de economías extranjeras. Ellas se convirtieron en uno de los grandes vehículos de transferencia de tecnología, especialmente en el nivel administrativo medio y de personal técnico[3]. Aún más: un porcentaje considerable de trabajadores entrenados en las zonas francas empezaron posteriormente sus propios negocios, o se emplearon con compañías nacionales.

A medida que creció la inversión extranjera en los años 60 y 70, también aumentó el número de acuerdos de cooperación técnica. Los factores que se hallaban detrás del creciente interés que mostraban las compañías extranjeras fueron principalmente dos. Primero, mejorar la capacitación del personal nacional como respuesta a que el gobierno empezó a exigir asistencia técnica como parte del proceso para la aprobación de una fábrica con inversión extranjera. Las leyes referentes a requerimientos de mano de obra nacional se hicieron más fuertes con el fin de estimular la transferencia de *know-how* extranjero.

Segundo, las compañías japonesas y estadounidenses, principales inversionistas extranjeros, utilizaron métodos diferentes en su relación con Taiwán. Para las compañías japonesas, la cooperación técnica fue un medio para expandir la integración vertical en la isla. Frecuentemente, las compañías japonesas hacen uso de acuerdos de cooperación técnica en sus *joint ventures*, a fin de obtener un retorno adicional de su *know-how*. De acuerdo con estudios como el de Chen Ting-kuo, estos acuerdos de cooperación realmente no implicaron mucha transferencia de tecnología[4]. Hubo mucho más de *show-how* que de transferencia de

---

[3] K. T. Li, *Economic Transformation of Taiwan* (ROC), Londres; Shepheard-Walwyn, 1988.
[4] Chen Ting-kuo, *The Effective Approach of Technology Cooperation with Foreign Firms*, Taipei, Metals Industry Research Laboratory, 1980.

know-how. Para el Japón la cooperación técnica fue un medio para penetrar en el mercado de Taiwán, muchas veces empleando los acuerdos como una forma de amarrar a las empresas, pues se les exigía comprar piezas, componentes y materias primas de la misma empresa o de compañías japonesas.

En el caso de las firmas estadounidenses, realmente hubo mucha más transferencia de tecnología, tanto por inversión directa como por acuerdos de cooperación tecnológica. Sin embargo, por razones históricas generales, la economía taiwanesa está mucho más ligada al Japón que a los EE. UU., no sólo desde el punto de vista histórico y comercial, sino también en cuanto a adquisición de tecnología. El Japón tiene el doble de empresas con inversión que los EE. UU. (1 407 frente a 695). A pesar de ello, el número de acuerdos de cooperación técnica con los EE. UU. es superior (1 733 frente a 586). Sólo en sectores como el de artículos electrónicos, el Japón cuenta con el 60% de los acuerdos de cooperación tecnológica[5].

El sector de artículos electrónicos, por ejemplo, constituye una de las industrias con más desarrollo tecnológico en Taiwán y que más se han beneficiado de la inversión extranjera directa. Entre 1971 y 1981, el sector de artículos electrónicos creció 25.9%, y su participación en el PIB se incrementó del 12.1% al 13.7% en ese mismo decenio. Las exportaciones han aumentado del 12.9% en 1971 al 25.13% en 1987, y la participación en las exportaciones de las compañías con inversión extranjera ha aumentado del 75 al 89%[6].

Otra estrategia para el mejoramiento de la tecnología industrial ha sido incrementar la autosuficiencia tecnológica de la isla mediante el aumento gradual en I&D propio. Preocupaciones de naturaleza política y económica por los escasos recursos energéticos y los equipos militares han llevado también al Estado a

---

[5] Chi Schive, *An Evaluation in the Technology Acquisition in the Electronics Industry*, Taipei, Investment Commission, Ministry of Economic Affairs, septiembre de 1980.

[6] Denis Fred Simon, *Taiwan's Strategy for Creating Competitive Advantage: The Role of the State in Managing Foreign Technology*, Oxford, 1980, págs. 106-109.

incrementar los esfuerzos para desarrollar industrias consideradas estratégicas para la seguridad nacional.

Algunas de las razones para que Taiwán haya mejorado la posición de su economía en general y de algunos productos específicos se pueden atribuir al desarrollo del ciclo tecnológico industrial compuesto por sus tres etapas: invención, innovación y estandarización[7]. En general, una vez que una industria entra en una etapa madura, los requisitos de entrada a ese sector industrial se reducen desde el punto de vista de la competencia tanto administrativa como tecnológica. Esto lo han aprovechado las firmas taiwanesas, especialmente las PMI, para entrar a competir exitosamente en industrias como la de textiles y la electrónica, y ahora en *software* y computadores. Pero es gracias a un apoyo estable en I&D, tanto del sector público como del privado, que las empresas han logrado conservar su posición en el mercado. Esto ha permitido una evolución continua en lo que respecta a eficiencia en la producción y más recientemente en cuanto a mercadeo e innovaciones. Por esto se explica no sólo el éxito inicial y la competitividad de firmas taiwanesas como Tatung, en electrónica, y Acer, en computadores personales, sino la habilidad para sobrevivir en una situación de cambio tecnológico rápido y permanente.

Comentarios finales

La de Taiwán es otra de las historias de industrialización exitosa en el A-P. Tras ser un país eminentemente agrícola hasta mediados de los años 50, esta pequeña isla carente de recursos naturales se convirtió en una de las economías de exportación más poderosas del mundo. Esto lo logró en un período de aproximadamente cuarenta años, con base en el desarrollo de la pequeña y mediana industria, la cual representa el 97.2% del total de la

---

[7] Stephen Magee, "Multinational Corporations, the Industry Technology Cycle and Development", en *Journal of World Trade Law*, julio-agosto de 1993, págs. 297-312.

producción. Este proceso se llevó a cabo con una alta participación del Estado, como vehículo facilitador, y de acuerdo con el principio de que la PMI debería tener en lo posible una marcada orientación hacia las exportaciones, y de que su dinámica debería estar enmarcada dentro de un proceso de continuo desarrollo tecnológico. Tecnológicamente, la PMI de Taiwán se ha desarrollado mediante transferencia de tecnología de compañías extranjeras, básicamente japonesas y estadounidenses, localizadas en enclaves industriales en la isla. Posteriormente y a medida que aumentó la capacidad negociadora del gobierno taiwanés y que éste creó mecanismos de cooperación con el sector privado, la compra de tecnología se empezó a llevar a cabo en los mercados internacionales. En una etapa reciente, producto de los esfuerzos continuos en investigación y desarrollo, las compañías taiwanesas han empezado a generar sus propios productos y muchas veces sus propias tecnologías. Gracias a ello, Taiwán es el exportador número 11 del mundo, tiene las mayores reservas internacionales del planeta y es uno de los primeros países, fuera de los EE. UU., el Japón, Alemania, Francia e Inglaterra, en exportar conocimiento como una industria propia.

Capítulo IX

QUINCE LECCIONES

Este libro fue motivado por una pregunta natural que surge cuando se vive en Asia: ¿Qué pueden aprender los países en vías de transformación económica de la reciente experiencia de Asia en general y del Asia-Pacífico en particular? A pesar de la complejidad y riqueza de la experiencia del A-P, creemos que es factible —al menos parcialmente— recoger algunas lecciones que nos ayuden a responder este interrogante. El objetivo de este capítulo es resumir lo que está dicho, en forma dispersa, en 15 lecciones o enseñanzas. Esperamos que un ejercicio como éste ayude a comprender mejor qué hay detrás del éxito de las economías del A-P pero, sobre todo, qué enseñanzas prácticas pueden aprender los países a los cuales el desarrollo económico les sigue siendo esquivo. De cualquier manera, estas lecciones deberían servir, si no para impulsar a la acción, al menos para mover a la reflexión sobre lo que puede suceder si no se actúa... pronto.

Para comenzar, hay que subrayar de nuevo que la región del A-P no es una región homogénea. Es una región heterogénea, con muchísimas diferencias. Una región tan distinta, que los elementos que la separan son más notorios e importantes que los que la unen o identifican. A pesar de ello, con pocos rasgos que la identifican como algo más que una región geográfica, ha logrado el mayor y más prolongado éxito económico de la historia reciente. El más espectacular de todos sus logros se resume así: en 1960, los países del A-P constituían el 4% de la economía mundial; las tendencias actuales de su crecimiento indican que en el año 2015 representarán el 33%.

Las lecciones que ofrece esta mezcla de culturas, etnias, religiones e ideologías, donde los valores sociales se anteponen a los individuales y donde la estabilidad política se valora como elemento fundamental para el desarrollo, son innumerables. Hemos recogido aquí las más significativas y las que tienen mayor aplicabilidad y viabilidad para los países en vías de transformación.

Lección primera: concertar una "visión"

Gary Hamel, del London Business School, y C. K. Prahalad, del Harvard Business School[1], plantean que la mayor ventaja competitiva que puede tener una compañía —más valiosa aun que una abultada cuenta bancaria o una estructura organizativa flexible— es su visión del futuro. Para la compañía japonesa Matsushita, más conocida como National Panasonic, su más preciado activo es el ideal de un mundo dominado por la realidad virtual. Para Singapur Airlines, su más valioso "secreto" es saber ya cómo va a transportar la cuarta parte de los viajeros de Asia, con la comodidad de primera clase, a precio de clase económica. Daewoo, de Corea, pregona con orgullo que su futuro incluye vestir, alimentar, transportar y recrear permanentemente a más de cien millones de personas, o sea a una población mayor que la de las dos Coreas juntas. La compañía de computadores Apple tiene el sueño de un mundo donde cada hombre, mujer y niño posea su propio computador. Para definir su visión del futuro, Mitsubishi cuenta con el grupo de investigación Mitsubishi Research, y Toshiba con el Lifestyle Research Institute, dedicados a definir su visión y cómo lograrla. En Yamaha existe el "Centro para escuchar", que permite recibir toda clase de ideas y sugerencias sobre el futuro. La compañía

---

[1] En su reciente libro *Competing for the Future*, los autores amplían el concepto de 'visión del futuro', que ya habían planteado en su famoso documento *Las competencias claves de la corporación*, (premio McKinsey, 1990).

NEC otorga cada tres meses 2 500 dólares a 250 de sus empleados, con el fin de que inviten a almorzar a personas ajenas al negocio pero que puedan aportar ideas nuevas y proyecciones sobre el futuro.

Si bien estos ejemplos se refieren a compañías, la idea tiene especial significado y aplicación a los países. Pues son los países los que, para lograr el éxito que se requiere en la era de la globalización, necesitan un consenso interno sobre su visión del futuro. Es algo así como preguntarse: ¿hacia dónde quiere dirigirse el país en los próximos decenios? O: ¿dónde quiere situarse el país en el año 2025? Varios países, especialmente los del A-P, ya tienen clara su visión. Malasia, por ejemplo (véase capítulo VI) lanzó hace dos años su campaña "Malasia: Visión 2020", en la cual se dan los lineamientos principales que en el año 2020 le permitirán colocarse a la altura de Suiza.

Si asimiláramos correctamente la experiencia que ofrecen los países del A-P, tanto las empresas como los países deberían postergar sus planes (de reingeniería, calidad total, *downsizing*, reinvención, "hacer más con menos", regeneración de estrategias, reestructuración interna y reconversión) mientras no tengan clara su visión del futuro. Pues "tener visión" consiste en delimitar lo que es viable hacer a corto plazo de lo que es posible hacer a largo plazo.

Esta primera lección encierra, esencialmente, una característica muy "oriental". Mientras que la mentalidad occidental está caracterizada por el método cartesiano (que enfatiza las formas legales, los acuerdos, los contratos, las estructuras institucionales, etc.), el método asiático se basa primordialmente en el consenso, la presión del grupo y la unión de voluntades. Un ejemplo ilustrativo es cómo los 16 países de APEC (Asia-Pacific Economic Cooperation) acaban de adoptar la "visión 2020"; es decir, el establecimiento de una zona de libre comercio sin barreras comerciales para ese año. Eso es lo que les da su gran fortaleza como bloque regional y lo que les falta a los bloques comerciales y países de otras regiones del mundo: una visión de futuro decidida por consenso.

Lección segunda: anticiparse al futuro. ¡Decidirse!

En los procesos históricos es difícil identificar qué es una decisión de carácter colectivo. Y lo es más aún en el caso del A-P, cuya población supera en magnitud tres veces la de todo el continente americano y que posee la cuarta parte de la riqueza económica y comercial del planeta. Pero, para lograr eso, los países del A-P tomaron la decisión de industrializarse y de integrarse al resto de la economía mundial, adoptando un modelo de orientación exportadora. En el caso del Japón, la decisión se tomó no después de haber sido derrotado en la guerra, en 1945, sino a fines del siglo XIX. Lo que se inició con la Restauración Meiji (1868) contagió gradualmente a los demás países del A-P. Japón se convirtió así en el "conquistador" económico y en guía para los demás países de la región. La visión del futuro y la reestructuración de sus respectivas economías, no fue otra que la de alcanzar a Occidente y lograr un sistema donde la gente pudiera consumir más. Además, la visión se ejecutó como si todos estos países hubieran acogido el mismo manual de motivación económica y control social[2]. Con lenguajes diferentes y métodos distintos, el objetivo común fue adelantarse a la época en que todas las regiones del mundo competirán, no por materias primas o por recursos de capital, sino —sobre todo— por el control de un mercado mundial unificado, del conocimiento, del *know-how*. La combinación de esta motivación original, de la forma de persuasión colectiva, de los métodos utilizados y de las nuevas formas institucionales introducidas para hacerlo perdurar es lo que da pie para identificar este fenómeno como un fenómeno asiático, y el modelo de desarrollo derivado de él como un modelo asiático.

---

[2] Mucho se ha escrito y especulado sobre el "control" social, e incluso policial, que se ha ejercido, si no en todos, en la mayoría de los países del A-P. Pero, aunque es difícil negar la importancia dada a este concepto en algunos de ellos —como es el caso de Singapur, Corea y Malasia—, más que represión militar, lo que se impuso desde un principio fue una disciplina institucional y mecanismos de presión colectiva. Si bien en muchos casos se utilizaron la fuerza bruta y métodos antidemocráticos, un gran porcentaje de la población sigue manteniendo su preferencia por el orden y la disciplina.

Es evidente que, desde el punto de vista de la globalización, el A-P ya tomó la delantera. A excepción de los Estados Unidos y algunas naciones de Europa Occidental, los demás países del mundo han sido espectadores de un fenómeno que todavía no logran descifrar, pero que cada vez es más real y evidente. Cada vez es más difícil de alcanzar.

El modelo asiático ha funcionado con éxito porque previó y se amoldó a la nueva realidad económica mundial caracterizada por la globalización y la interdependencia. Seguramente no habría obtenido los mismos resultados si hubiera permanecido con el modelo de sustitución de importaciones, tan generalizado en los años 60 y 70. Los países del A-P no sólo previeron el fenómeno de la globalización como una oportunidad sino como tabla de salvación, y para ello adaptaron su capacidad productiva. Con el Japón a la cabeza, generaron las "olas" de desarrollo —o lo que se denomina "formación de gansos en vuelo"— que permitieron a cada país ir evolucionando en formación ordenada en terrenos de mayor valor agregado y mayor incorporación tecnológica: Japón con las más altas y complejas tecnologías; los NIE (Corea, Taiwán, Singapur y Hong Kong) como centros de tecnologías simples de producción y altos niveles de productividad; y los ASEAN (Tailandia, Malasia, Filipinas, Indonesia, Singapur y Brunei) como países creadores de importantes ventajas competitivas, mano de obra calificada y fusión de tecnologías de bajo contenido científico. Así se produjo el mayor fenómeno de globalización conocido hasta el presente, pues abarca más de un tercio de la economía, más de la mitad de la población del mundo y cerca del sesenta por ciento de la actividad comercial de Asia. Las cifras de crecimiento muestran claramente, sin dejar duda alguna, que aunque la decisión fue difícil, facilitó que el Asia-Pacífico se convirtiera en centro de la actividad económica global.

Lección tercera: en Asia, es el tiempo de la gente

Al ver los resultados obtenidos, es fácil concluir que en el A-P se puso a la gente en primer lugar. La diferencia fundamental entre la concepción que se tiene de la sociedad en el A-P y la de Occidente no es muy distinta de la que existe entre el paradigma occidental de los intereses individuales y el paradigma asiático del bienestar colectivo. Desde el principio, el gran éxito obtenido por los países del A-P radicó en el hecho de colocar a la población como objetivo y como partícipe de los resultados del crecimiento económico. Esto, tan fácil de decir pero tan difícil de lograr, fue la clave para obtener mayores resultados y, sobre todo, más democracia y más estabilidad social y política.

A pesar de los innumerables problemas que aún subsisten, ninguna región ha logrado lo que el A-P logró en 25 años: reducir de 400 millones a 180 millones el número de personas que viven en la pobreza absoluta (véase tabla 3). Aún más: el nivel de ingreso promedio de la población se multiplicó por 5.2 en un período de 35 años (el de América Latina se multiplicó por 1.4). Se calcula que para el año 2000 sólo el 15% de la población del A-P tendrá todavía insatisfechas sus necesidades básicas (en América Latina tal proporción será del 38%).

La tarea de mejorar el nivel de vida de la población se tomó en el A-P con seriedad; y con una obstinación casi obsesiva. Para ello se concibió el desarrollo como un modelo similar al que se presenta en el gráfico 1; es decir, colocando como objetivo final el mejoramiento de las condiciones de vida de la población. Lo demás fue una secuencia lógica: se crearon ventajas competitivas; se entrenó y calificó a la población trabajadora; se utilizó el alto nivel de ahorro para la compra de tecnología industrial foránea; se aumentó la inversión pública y privada y se sentaron las bases para exportar y reexportar productos manufacturados de alto valor agregado. La continua transferencia de tecnología aplicada a la industria ayudó a aumentar los niveles de productividad. Con la productividad en alza permanente y los costos de producción constantes —o incluso disminuyendo— se logró incrementar los niveles de competitividad.

Fue así como se cerró un "círculo virtuoso" que empieza con exportación y termina con más exportación. Todo esto, gracias a que los recursos generados sirven para atraer más tecnología y aumentar la productividad. La clave está en que, una vez que se tenga un sistema generador de riqueza, éste se autoalimente con la motivación permanente de quienes se sienten beneficiados por el proceso.

El elemento que rompió el "círculo vicioso" del subdesarrollo y, por lo tanto, su desequilibrio crónico, fue el nivel de vida de la población. Una vez que el nivel de vida de la población mejoró, se alteró el orden preestablecido que reciclaba la pobreza produciendo más pobreza y, con ello, más violencia. Conscientes de lo delicado de este equilibrio, muchos gobiernos del A-P adoptaron, en las primeras etapas de desarrollo, una actitud de fuerte control, sacrificando libertades individuales y democráticas, con el fin de "imponer las prioridades colectivas". Lo que, sin duda, evitó que se cayera en situaciones de violencia fue que la gente del A-P sintió que su situación económica mejoró y sigue mejorando progresivamente. En ello radica uno de los mayores factores de fortaleza del modelo asiático: en la aceptación y la solidaridad populares. Sólo así se podía romper el "círculo vicioso" que comúnmente se genera entre inversión, crecimiento, desempleo y pobreza. En los últimos 30 años, el A-P ha mostrado que con tecnología externa y con recursos humanos propios se puede cambiar la realidad, originando el ya mencionado "círculo virtuoso". Sin pretender aprobar el uso de la fuerza pública o los regímenes despóticos, la situación actual presenta mayores niveles de satisfacción social que hace algunos años.

Para crear las condiciones de mejora continua o *zenshin*, se necesitó —ante todo— crear una atmósfera apropiada o, mejor, la "visión" compartida de largo plazo que plantea la lección primera. Con ello se creó un foco de atención colectiva que sirvió para recordar permanentemente el compromiso adquirido. Un objetivo comunitario no puede ser labor de un solo gobierno, ni puede ser propuesto eficazmente por un grupo político particular. La experiencia asiática enseña que el desarrollo económico, el incremento de la capacitación de la gente y el compromiso de construir una infraestructura para tecnología aplicada, deben ser los "magnetos" para atraer y fusionar a todas las fuerzas diversas y divergentes de la nación. En Asia, este planteamiento fue transmitido y generalizado a través del sistema educativo, formó parte del *software* que se inculca a los ciudadanos cuando son estudiantes. La experiencia del A-P nos enseña cómo lo virtuoso del círculo se consiguió a través de la creación de una mentalidad formada desde las mismas guarderías infantiles, asociada al orgullo de los valores propios y a la mejora económica continua. En el A-P ha surgido recientemente una clase dirigente pro asiática que promueve una "nueva Asia"[3], enfatizando que los sistemas educativos, además de enseñar matemáticas y utilizar la memorización, deben poner énfasis en auténticos valores asiáticos.

Lección cuarta: exportar

La gran fuerza económica causante del éxito del modelo asiático es, sin lugar a dudas, su orientación exportadora. Exportar fue el resultado natural de haber generado una cultura de supervivencia sin la cual no habría futuro. Para ello, los países se apoyaron en la tecnología, la productividad y la competitividad a fin de sentar las bases sobre las cuales descansó toda su política macroeconómica. Las exportaciones permitieron acumular excedentes que se aplicaron en favor y no en contra del objetivo de crecimiento con equidad. La fuente de generación de excedentes que permitió aumentar el nivel de vida de la población dependió de la decidida voluntad e irremediable necesidad de exportar. Fue

---

[3] *Towards a New Asia (Hacia una nueva Asia)*, documento suscrito por la Comisión por una Nueva Asia. La Comisión está formada por 16 "personas eminentes" del A-P, bajo la coordinación del doctor Noordin Sophie (presidente de la junta directiva del PECC), de Malasia.

una decisión colectiva que permitió que todo el aparato institucional fuera concebido sobre la base de exportar y de ser competitivo en los mercados mundiales. Hoy, cuando casi todos los países consumidores presionan a los del A-P para que compren sus productos y puedan así compensar los déficit comerciales que tienen con el resto del mundo, chocan contra esa cultura o mentalidad que no sabe ni quiere saber de importaciones y que levanta toda clase de barreras invisibles para no comprar lo extranjero. Las economías del A-P fueron concebidas para exportar, no para importar[4]. Por ello, las barreras arancelarias (que sí existen) y las no arancelarias (que abundan) son el resultado de su actitud de vender afuera y maximizar sus ingresos exportadores.

De la política exportadora se derivó todo lo demás, puesto que para exportar se necesitó una política de promoción y estímulos. Para ello se requirieron el apoyo y el respaldo del gobierno, al igual que una política macroeconómica estable y consistente que permitiera planificar la producción y competir en el largo plazo. Es decir, se necesitó un marco macroeconómico estable y una política microeconómica eficiente. Esto, complementado además con una infraestructura física que hizo que los productos exportados fueran competitivos desde el origen y no sólo a partir del puerto extranjero. Los ferrocarriles, los puertos, las carreteras, las telecomunicaciones, los trámites, la honestidad de los agentes de aduana e inspección, etc., todos estos elementos aseguraron el éxito de las exportaciones.

La actitud exportadora de los países del A-P produjo dos efectos paralelos de vital importancia. Por un lado, tanto el sector público como el sector privado se familiarizaron con la realidad mundial a través del conocimiento del sistema comercial internacional; la participación en ferias internacionales; el estudio de los diferentes sistemas políticos y legales de los potenciales países

---

[4] Esta afirmación no contradice lo dicho anteriormente sobre la ausencia de recursos naturales, materias primas y productos semielaborados que, obviamente, requieren los países del A-P para sus exportaciones. La diferencia radica en que, para tales efectos, estos países funcionan como verdaderas zonas francas. No obstante, todos ellos han generado anticuerpos y trabas institucionales que les permiten mantener abrumadores superávit comerciales.

compradores; los flujos de información estadística e incluso el aprendizaje de diversos idiomas. Por otra parte, los mismos exportadores se convirtieron en los mejores compradores de tecnologías foráneas para aplicarlas a la producción industrial. A través de las exportaciones, los países del A-P se insertaron en la tecnología mundial; las exportaciones fueron un resultado de la tecnología, y ésta una consecuencia de las exportaciones.

Si hipotéticamente adoptáramos un criterio arbitrario para definir como país exportador a aquel que vende al exterior más de 15 000 millones de dólares anualmente o más del 15% de su PIB, existirían en el mundo sólo 17 países exportadores. En América Latina muy pocos países cumplen con esos requisitos; sólo clasifican México, Brasil y Venezuela. Más de la mitad de esos 17 países pertenecen al A-P, a pesar de que en 1960 ninguno de ellos —a excepción del Japón— hubiese clasificado. Fue precisamente desde 1960 cuando algunos países del A-P entraron a competir con los productores europeos en el mercado estadounidense en las ramas de textiles, hortalizas y bienes durables sencillos. A fines del decenio los asiáticos ya habían desplazado a casi todos los competidores europeos. Los países del A-P, y sobre todo el Japón, entendieron que su estrategia inicial era situarse en ciertos mercados de productos en cuya fabricación las principales naciones industrializadas no tuvieran interés o ventajas apreciables. Las empresas manufactureras de los países del A-P hicieron adaptaciones tecnológicas y adquirieron una posición estratégica en diferentes mercados internacionales. Al mismo tiempo, desarrollaron sus propias tecnologías incipientes con el objetivo de conquistar otros mercados más primitivos, gracias a la ayuda de sus gobiernos.

Es tal la fortaleza adquirida por los sectores exportadores de la mayoría de los países del A-P, que han resultado rentables aun conviviendo con sectores nacionales ineficientes. En el caso del Japón, paralelamente con sectores manufactureros de altísima eficiencia conviven otros no tan eficientes, como los sectores financiero, de distribución interna y de administración de las empresas. A pesar de ello, el sector exportador se ha convertido

en el combustible del dinámico proceso de crecimiento, contra-
rrestando las deficiencias del resto del sistema e imponiendo la
pauta de eficiencia y calidad total.

Lección quinta: tecnología, productividad y competitividad (T-P-C)

No parecería necesario repetir una vez más lo ya dicho tantas veces
y de tantas maneras diferentes: que una lección resonante del A-
P para el mundo es la combinación de estos tres conceptos, que
son en el fondo uno solo. Tres en uno, como se dice comúnmente.
Si el objetivo central del desarrollo es elevar el nivel de vida de
la población, y el combustible para la generación de riqueza lo
constituye la exportación, el vehículo o medio que permite unir
las dos cosas es la ventaja competitiva que se obtenga. Es decir,
la combinación de qué producir, cómo producirlo y cómo comer-
cializarlo eficazmente en los mercados internacionales, permite
cerrar el círculo en forma exitosa. Una vez tomada la decisión
de globalizarse, los países sólo pueden sostener la ventaja
exportadora con *zenshin*: o sea, mejorando los niveles de productividad en forma continua. Y ello sólo se hace con tecnología (véase
gráfico 1). Repitámoslo: para ser realmente competitivos hay que
ir más allá de la tecnología y la productividad. Hay que tener bajos
costos, mejor calidad y más servicios complementarios que lo que
otros ofrecen. Sólo cuando un país se incorpora a los mercados
externos o a ciertos "nichos", se puede decir que goza de ventajas
competitivas. Por tanto, la competitividad es una *consecuencia* más
que un punto de partida. Se llega a ella por error y ensayo,
sabiendo que el mercado internacional es el juez último. Un juez
implacable, pero totalmente imparcial, sólo premia a los mejores.

El compromiso de transferir tecnología, alcanzar altos niveles
de productividad y asegurar competitividad permanente son tarea
y obligación de cada empresa, pero también de todo el país. La
competitividad de las empresas está íntimamente ligada con las
condiciones de toda la economía. Por eso las ventajas competitivas

de las naciones no son tan sólo el resultado de sumar la competitividad de sus empresas. Si bien son las empresas y las firmas las que compiten en los mercados mundiales y no los países, son éstos quienes contribuyen de manera fundamental, asegurando un ambiente favorable de transferencia tecnológica y alta productividad. El señor Somsak Leu, subdirector de la zona económica de Pudong, en Shanghai, señalaba una similitud entre estos conceptos y el rendimiento de un deportista. "Es como si la competitividad fuese el cuerpo del deportista. En tal caso, su estado físico lo determina la productividad, y la sangre es la tecnología. Es difícil conseguir resultados competitivos sin la integración armónica de estos factores", anotaba, y añadía: "Sin la infraestructura del Estado, el equipo propio y el esfuerzo propio, el atleta no puede progresar hacia su óptimo nivel de competencia".

En visitas realizadas a Taipei, Seúl, Shanghai, Hong Kong, Bangkok, Singapur, Manila y Kuala Lumpur se recogieron una serie de inquietudes sobre estos aspectos. A continuación se presenta un resumen de notas y reflexiones hechas en este recorrido:

• Quien desee transferir tecnología enfrenta un problema similar al de Alicia en el País de las Maravillas. Alicia debía caminar en contravía por una senda que se desplazaba en la dirección contraria y cada vez más rápido. Es decir, los esfuerzos que se deben hacer para permanecer "al día" en tecnología deben ser cada vez mayores. Es una realidad que los mercados de hoy exigen cada vez mayor disciplina, constancia, organización y permanente actualización que aquéllos en los cuales los países del A-P alcanzaron sus primeros éxitos. Cada día la situación se torna más competitiva; no sólo crece el número de competidores, sino que los mercados son cada vez más exigentes y complejos.

• Los países en vías de transformación tienen poca posibilidad de crear sus propias tecnologías. Menos aún en los sectores llamados "de punta" o sectores de tecnologías novedosas y poco difundidas. Mucho menos pueden aspirar a obtener resultados por investigación en ciencias básicas. El terreno de mayor perspectiva para estos países es el de la tecnología aplicada a la industria; y dentro de ésta, el *ensamble o fusión* de tecnologías conocidas y relativamente maduras. Para los países en vías de transformación la tecnología más apropiada no es, necesariamente, la última tecnología. Una de las sorpresas que surgen de visitar los países del A-P, excepto Japón, es que la mayoría de ellos aún no poseen tecnología propia, a pesar de haber dedicado más de tres decenios de ingentes esfuerzos a la investigación y el desarrollo tecnológicos. Pero todos estos países saben que la tecnología industrial es su insumo más preciado; sin ella poco o nada hubieran conseguido. Saben cuánto le deben a la exitosa asimilación tecnológica y a su dinámica.

• Los países que, como el Japón, Taiwán, Hong Kong y Singapur, han alcanzado los mayores niveles de satisfacción de los trabajadores han sido aquéllos en donde éstos participaron en las adaptaciones tecnológicas. En dichos países no sólo los mandos gerenciales, sino también los empleados y los trabajadores de las empresas, tomaron una actitud participativa y entendieron que la utilización de la tecnología no es un elemento opcional sino un instrumento vital para alcanzar mayor productividad. Y, como resultado, la mayor productividad no desplaza mano de obra, pues hace los productos más competitivos, y esto, a su vez, hace aumentar su demanda.

• En el A-P todos los países comenzaron siendo altamente competitivos en textiles. Después pasaron, tal vez con excepción de Tailandia e Indonesia, a producir bienes intermedios y posteriormente maquinaria y equipo industrial. Para todos, sus mayores socios importadores fueron, en forma sucesiva, los EE. UU., el Japón y últimamente la región del A-P misma. Todos comenzaron importando maquinaria industrial, piezas y materiales de los EE. UU y el Japón. Una vez ensamblados y procesados los productos terminados, se reexportan a los Estados Unidos o a Europa como bienes finales. La producción y exportación de artículos electrónicos, de piezas originales para televisores en color, de videograbadoras, de radios, de aparatos de microondas, etc., ha sido la más exitosa. La integración entre el Japón y el resto de los países del A-P, especialmente los NIE y los de la ASEAN, en estas ramas es significativa. Individualmente Japón exporta hacia el mercado mundial los siguientes aparatos electrónicos: 17.6% de televisores en color; 75% de videograbadoras; 15.4% de radios y 36.1% de hornos de microondas. La proporción del mercado mundial de estos productos representada por la suma de las exportaciones del Japón más la de los países del A-P es: 44.9%, 81.3%, 62.1% y 59.0%, respectivamente. Los países del A-P vendieron más de tres millones de televisores en color en 1993, de los cuales Japón importó más de la tercera parte. También comercializaron 106 millones de bicicletas, 6.3 millones de vehículos automotores y 2 millones de neveras. Es decir, el desarrollo comercial del A-P es cada vez más integrado. Los países no llegan de un solo salto al final de la cadena tecnológica. Se requiere seguir un proceso gradual. Tampoco las experiencias exitosas se logran actuando en forma solitaria y aislada. Un alto nivel de integración y trabajo asociado, especialmente a través de la inversión de las multinacionales, fue necesario en países con tanta diversidad de culturas y niveles de desarrollo.

• Para los países en vías de transformación una primera y eficaz tecnología para asimilar es la que está relacionada con el elemento humano. Comúnmente se llama a esta clase de tecnología *humanware technology* o "tecnología suave". Esta tecnología está concebida para que cada trabajador operario y cada empleado administrativo identifique los problemas asociados con su trabajo y los solucione. Esto evita trasladar los problemas a etapas subsiguientes de la línea de producción para que otros los solucionen. En pocas palabras, cada trabajador debe realizar funciones de producción e inspección. Aunque esta tecnología puede terminar siendo más lenta que la producción masiva con inspección en cada puesto de supervisión, con ella se reducen costos, se aumenta la productividad al disminuir los defectos, se maximiza la calidad, se minimizan los inventarios de producción y se evitan más accidentes de trabajo. Con este sistema, de acuerdo con el cual los trabajadores controlan, deciden sobre niveles de producción y solucionan los problemas que se presentan, se requiere que la empresa proporcione una mayor preparación y motivación. Este entrenamiento, dentro y fuera de la compañía, representa mayores costos de producción pero también produce mayores beneficios a largo plazo. En esta sencilla realidad se basa gran parte del éxito de muchas empresas en el Japón, Corea del Sur, Taiwán y Malasia. Recordemos que más de las dos terceras partes de los artículos exportados por estos países son simple transformación de productos importados; es como si todo el país fuese una sola gran fábrica transformadora. Por ello a estos países se les conoce con el nombre de Japan Inc., o de Taiwán Inc., o de Singapur y Cía. o de Malasia S. A. Son países que se comportan como verdaderas fábricas integradas y, además, con unidad de control: centralizan la importacion de materias primas con poco valor agregado y la exportación de productos de gran valor agregado a través de unas pocas comercializadoras apoyadas en los gobiernos.

• Los países del A-P compraron tecnología, y la compraron cara. La tecnología no es barata y no se transfiere por la vía de la asistencia entre países o por cooperación técnica. Hay que buscarla, rebuscarla, negociarla y comprarla. La importación de tecnología es sólo el comienzo de un complejo proceso donde tanto el que la recibe como el que la vende deben hacer un esfuerzo importante para culminar con éxito. De ahí, lo esencial es la negociación y la adecuada elaboración de los contratos de transferencia tecnológica.

• Según la experiencia asiática, el elemento humano que más facilita la transferencia de tecnología es el ingeniero, y en segundo lugar el tecnólogo. En los países donde éstos gozan de una buena posición social, los frutos han sido mayores. En la China existen ocho millones de ingenieros registrados y en el Japón hay más ingenieros per cápita que en cualquier otro país del mundo; tantos y tan capacitados, que en la mayoría de las empresas son ellos quienes manejan el departamento jurídico.

• A excepción del Japón, en los demás países del A-P los grandes aumentos de la productividad comenzaron por el sector agropecuario. Éstos permitieron el desplazamiento de mano de obra del campo hacia los centros de producción manufacturera. Entre 1970 y 1990 el A-P aumentó su fuerza laboral manufacturera en un 79%, mientras que los EE. UU. registraron un aumento del 38%, el Japón del 19% y Europa del 8%.

• Generalmente, el marco institucional de la política de tecnología, productividad y competitividad en los países del A-P ha incorporado tres instrumentos: la elaboración de una estrategia tecnológica; la creación del Centro de Productividad (CP) y la creación del Consejo Nacional de Competitividad (CNC). Todos ellos recibieron siempre el apoyo del alto gobierno y de los sectores privado, académico y laboral. La creación del CP y del CNC contó con el respaldo de ministros del gabinete, directores de los organismos de planificación, representantes del sector académico y de capacitación, representantes de los gremios de la producción y miembros de las centrales obreras u organizaciones laborales. Además, las entidades de planeación y coordinación fueron reforzadas con mecanismos de recolección, de información y análisis sobre tecnologías foráneas; negociación y compra de tecnologías; mecanismos de consulta y evaluación llevada a cabo por representantes de los sectores laboral y académico. Fue así como estas naciones de Oriente crearon el ambiente de productividad, generaron la cultura de la competitividad y sembraron la semilla de la innovación.

• No es la mano de obra barata la que da ventajas competitivas a las industrias de bienes de consumo masivo. Es la mano de obra calificada y especializada la que establece la diferencia desde el punto de vista de la productividad. En el A-P, y sobre todo en el Japón, se han experimentado los mayores aumentos de productividad en los últimos 20 años: más del 10% anual en promedio, frente a los aumentos de entre 1% y 2% en Europa, Oriente Medio y América Latina. Tales aumentos cubren con creces los altos costos de la mano de obra calificada.

• En las primeras etapas del desarrollo, la conquista de mercados *(market share)* es más importante que las utilidades. Los exportadores exitosos de Asia, como el Japón, pusieron el énfasis en la participación en el mercado por encima de las utilidades a corto plazo. Ello les permitió reinvertir las utilidades y ajustarse a planes y estrategias de largo plazo.

• Si la productividad es difícil de lograr, es muy fácil de perder. Se requieren un esfuerzo sostenido y un compromiso general y permanente para mantener niveles de productividad altos. Aun a pesar de tener alta productividad, países como el Japón están lejos de alcanzar niveles óptimos. En el sector de la fabricación de automóviles, la productividad del Japón, que produce cerca del 40% de los automóviles del mundo, equivale al 79% de la de los Estados Unidos. En maquinaria eléctrica, la productividad del Japón es de 85%, y en el sector de los alimentos es de 45%, en comparación con la de los EE. UU. Sólo en aceros, metales no ferrosos y productos químicos, Japón supera ligeramente la productividad de los Estados Unidos y Europa. En promedio, la productividad japonesa es 23% menor que la de los Estados Unidos y 12% menor que la de Singapur, lo cual no implica que la calidad japonesa no sea superior, en casi todo, a la de los Estados Unidos, Europa y el resto de Asia. A pesar de que todos los países del A-P trabajan diaria e incansablemente para mejorar y no perder el terreno ganado, Filipinas e Indonesia ya han registrado retrocesos de productividad. Como todo lo que sube también baja, la productividad se puede perder.

• Otro aspecto importante en la experiencia del A-P es la estrecha relación mantenida entre retribuciones salariales y productividad. Ligando los niveles y aumentos de salarios con los niveles y aumentos de productividad, el sistema ha funcionado. Como dice el presidente del Centro de Productividad del Japón, Jinnosuke Miyai, "no importa pagar altos salarios si los niveles de capacitación y especialización permiten obtener igualmente altos niveles de productividad". Claro que esto funciona mejor en países que gozan de un clima generalizado de alta productividad y calidad. Pues aumentos esporádicos y discontinuos en la productividad no calan en el resto del sistema y, por el contrario, pueden generar distorsiones en los mercados laborales en la medida que los ajustes en los cambios salariales también sean irregulares y circunstanciales.

• En su libro *Minding America's Business*, dos de los más influyentes asesores y consejeros del presidente Clinton, Ira Magaziner y Robert Reich (actual ministro de trabajo), pregonan la adopción de una política industrial: "El nivel de vida sólo puede crecer si: (a) tanto el capital como el trabajo fluyen crecientemente hacia industrias de más alto valor agregado por trabajador, y (b) se mantiene una posición sostenida en esas industrias que sea superior a la de los competidores". Estos dos puntos, así esbozados, contienen un exigente programa de desarrollo en productividad y aumentos permanentes de competitividad para cualquier país.

Lección sexta: el papel del Estado en la economía

En sus *Anecdotarios*[5], Confucio cuenta que un día encontró una mujer que lloraba sin consuelo sobre el cadáver de su esposo descuartizado por los tigres. "Lo peor —dijo la mujer— es que mi hijo de tres años también fue devorado por estas fieras". Al preguntarle Confucio por qué no se trasladaba a otra región más segura, donde no existiese el peligro de los tigres, la mujer respondió sin titubear: "Es que el gobierno de esta provincia no es opresor".

---

[5] *Analects* de Kung Fu Tse. Citado en el libro de Inoue, *Confucious*, Tokio, 1992.

Los gobiernos, pero sobre todo los que ejercen sus funciones en forma cabal, hacen la gran diferencia. Los funcionarios, llámense administradores públicos, del servicio civil, empleados públicos o simplemente burócratas, son los que definen si el gobierno es bueno o no. Los políticos y los tecnócratas dan la visión, la inspiración, la dirección del gobierno y del Estado —o al menos ése debería ser su papel— pero los que la ejecutan y hacen que la tarea se realice o no, son los burócratas, los funcionarios públicos. En casi todo el mundo existe el estereotipo de la burocracia que obstaculiza, que no deja hacer o que todo lo dilata o lo destruye. Ejemplos ya famosos son los casos de la China y la India. También es cierto que las burocracias socialistas sofocaron buena parte de los regímenes comunistas existentes hasta hace pocos años. Pero en estricto sentido, el burócrata o empleado público encarna una función vital: no ser "opresor", como en la anécdota de Confucio, usurpando las funciones de ciudadanos y empresarios, sino ser facilitador.

Los burócratas responsables de la gobernabilidad en países como Hong Kong la han llevado a cabo con gran eficiencia. Allí el número de empleados públicos, como proporción de su población total, es muy baja y su gestión muy eficiente. Existen quejas de corrupción en Indonesia y de pagos por "debajo de la mesa" en la jerarquía gubernamental tailandesa; la burocracia de Malasia siempre ha sido criticada por su falta de nacionalismo, mientras que la de Singapur lo ha sido por sus excesos nacionalistas. Pero una constante en los países del A-P ha sido la independencia de sus burocracias o del sector público con relación a los sectores político y privado. Además, el buen nivel de educación y capacitación ha permitido crear una verdadera "meritocracia". A pesar de que burocracias demasiado independientes llevaron al fracaso a Rusia y burócratas inflexibles quisieron forzar el retorno del sistema anterior en la China, lo que sí es una regla de oro —como lo demuestra la región del A-P— es que una burocracia calificada e independiente de las presiones de la clase política es garantía de desarrollo exitoso. En el Japón, los viceministros de carrera administrativa van al Congreso a defender sus proyectos y logran imponerlos por encima de los intereses locales de los políticos. Fuera de las Filipinas, en donde el poder y la capacitación académica de los políticos supera a los de la burocracia, en el Japón, Corea, Taiwán, Indonesia, Tailandia, Singapur y Malasia se mantiene la herencia de una burocracia con "status" y alto nivel académico, bien remunerada y bastante independiente para llevar a cabo los programas del gobierno, velar por el nivel de vida de la población y ayudar a sus países a ser competitivos internacionalmente.

En Asia existe consenso sobre la importancia de las políticas gubernamentales de estabilidad macroeconómica, de promoción de exportaciones, de inversión en infraestructura y de capacitación de recursos humanos. Aunque en otras partes la discusión se sigue polarizando entre políticas de intervención o políticas de libertad de mercado, la experiencia del A-P indica que unas y otras pueden y deben ser complementarias. En esta región los gobiernos intervinieron para apoyar y facilitar, no para suplantar los mercados. Se adaptaron con fidelidad a lo que escribió Keynes en 1926: "Lo importante es que los gobiernos no hagan las cosas que ya hacen los individuos, quienes las hacen un poco mejor o un poco peor, sino que deben hacer aquellas cosas que en el momento no se hacen". Por lo tanto, el dilema no debería ser o intervención o *laissez-faire*, pues es una alternativa bastante popular pero engañosa. En Asia la discusión se ha centrado en la división de responsabilidades entre gobierno y sector privado y la eficiencia con que cada uno realice su labor... y sólo la suya. Con el gobierno como guía, y con el sector privado como ejecutor, sin intercambiar o sustituir los respectivos papeles se pudo lograr una sinergia ganadora, porque la suma de los esfuerzos de los dos sectores trabajando juntos ha sido claramente superior al efecto obtenido si hubiesen actuado aisladamente.

Tal vez por ello es que Hiraiwa, anterior presidente de la poderosa Asociación de Industriales del Japón (Keidanren), sostiene que, más que intervencionistas, los gobiernos de los países de Asia son *interventores*, en el sentido estricto de la palabra. Según él, interventor es "quien interviene, guía y coopera con el objetivo". La concepción nueva del Estado socio, que defiende Toyoda, nuevo presidente del Keidanren y dueño de Toyota, consiste en que, conjuntamente, los sectores político, burocrático y privado formen un triángulo institucionalizado de ayuda y cooperación, que él designa con el término japonés *kyosei* o 'simbiosis'. "La competencia dura japonesa es en el Japón; hacia afuera todos actuamos en un solo frente", comentaba el presidente de Yaohan, la cadena de supermercados del Japón que ya tiene sucursales en ocho países de Asia y que en el año 2000 tendrá cerca de seis mil almacenes.

Con este esfuerzo conjunto de los sectores público y privado, se realizó la transferencia tecnológica a partir de la asociación con empresas multinacionales[6]. El efecto demostración schumpeteriano que se derivó de esta experiencia proporcionó grandes beneficios psicológicos, pero sobre todo económicos. Esta estrategia quedó plasmada, previamente, en los diversos planes de desarrollo tecnológico trazados en la mayoría de estos países.

Inglaterra, conocida por su política neoliberal de no intervención en política industrial, está adoptando enseñanzas que surgen de Asia. Este año, Inglaterra completó dos decenios con crecimiento de cero (0%) en la producción industrial, mientras el AP aumentó 281%, Japón 119%, Italia 85%, Francia 27% y Alemania 25%. Por ello, los ingleses han decidido cambiar su política. Esta recomendación aparece en el nuevo *Libro blanco de la competitividad*, producido por el comité de industria y comercio de la Cámara de los Comunes el 25 de abril de 1994[7].

---

[6] Aquí el término *asociación* no es estricto; tal vez *colaboración* sea más indicado, pues la política de transferencia y, sobre todo, de creación de tecnologías aplicadas, no incluyó el capital extranjero como socio sino como contratista. Muchos países del A-P, especialmente el Japón y Corea, mantuvieron la separación entre inversión de capital y desarrollo tecnológico.

[7] El informe, para sorpresa de muchos, hace un llamado a una "intervención" muy parecida a la de los países del A-P, después de 15 años de una política de no-política del gobierno *tory*. El *Libro blanco sobre competitividad*, entregado por el presidente del Comité de Exportaciones, Michael Heseltine, compara la competitividad exitosa en una economía con un órgano donde todas las teclas deben funcionar óptimamente, e insta a Inglaterra a poner a funcionar su órgano.

Políticas selectivas de intervención del Estado, como las practicadas en el Japón, Taiwán, Corea del Sur, Singapur y Malasia, los ayudaron a crecer y a ser internacionalmente más competitivos. La promoción industrial puede ser doblemente exitosa cuando, además de garantizar un ambiente macroeconómico sano, el gobierno guía al sector privado hacia proyectos de desarrollo y fortalecimiento de nuevas industrias exportadoras.

Lección séptima: educación y capacitación, claves del triunfo

Los dirigentes de los países del A-P saben más que nadie que la mejor manera de progresar económicamente es educando e incrementando las posibilidades de hacer más productiva la fuerza de trabajo. Ellos saben que un año adicional, en promedio, de enseñanza primaria, representa entre 2% y 3% de crecimiento de la productividad. Y en el caso de las mujeres, ello representa entre 4% y 6% de incremento de la productividad, un 30% de reducción de la fecundidad y un 50% de reducción de la mortalidad infantil[8]. El A-P ha ampliado significativamente el estudio de las matemáticas y de las ciencias desde los primeros años de la educación primaria. También ha dado estímulos a las ingenierías y a las carreras relacionadas con la tecnología. Así como en los años 60 y 70 el objetivo fue aumentar el nivel de alfabetización, el actual objetivo es aumentar la "alfabetización computacional". Es decir, que todo ciudadano pueda operar e interactuar con un computador pequeño. Están convencidos de que para el año 2015 todo ciudadano asiático tendrá un computador, un teléfono celular, un telefax y se mantendrá comunicado con una red internacional de información. Tal mercado producirá cerca de 1.5 trillones de dólares o el equivalente a los ingresos de 45 Chiles o 36 Colombias.

Los procesos de educación rígida en los establecimientos

---

[8] "Cooperation for Growth", aparecido en la revista *Productivity Digest*, Singapur, abril de 1993, pág.16.

educativos se han combinado, en el A-P, con procesos de formación y capacitación flexibles en el trabajo. Al principio algunos países, como Singapur, Malasia y Taiwán, comenzaron ensamblando circuitos integrados como subcontratistas de productores estadounidenses. En este proceso, los trabajadores se fueron familiarizando con varias clases de maquinaria electrónica, con equipos de televisión en color y con computadores. Al constatar la rápida asimilación de los operarios nacionales, las compañías manufactureras extendieron su actividad al sector de productos finales y elaboración de piezas y repuestos. En la actualidad, compañías japonesas fabricantes de televisores, como Sony, Matsushita, Toshiba e Hitachi, ya trasladaron sus plantas a algunos de estos países. Una vez establecidas, adquieren compromisos de capacitación y entrenamiento en la empresa y fuera de ella, casi siempre en estrecha coordinación con los centros de productividad de cada país. Por ejemplo, en la industria electrónica asiática casi todos los operarios, técnicos, ingenieros y administradores se entrenan en el trabajo en un 85%. Técnicos e ingenieros, no sólo hacen ajustes y modificaciones mayores, sino que también diseñan equipos que facilitan los procesos de producción. Corea ya creó su propio televisor en color, al igual que equipos de videocasete. En Taiwán los ingenieros copiaron y rediseñaron computadores extranjeros para crear sus propios modelos, que representan el 10% de todos los computadores personales que se utilizan en el mundo. Gracias a la rapidez con que se difunden la capacitación y el entrenamiento, estos países se han especializado en mecatrónica, en computadores, en confecciones, en productos químicos, en aparatos de telecomunicaciones, en microchips y en maquinaria para artes gráficas.

Lección octava: kyosei entre la gran industria y la pequeña y mediana empresa

Kyosei es un término japonés de amplia utilización. Su significado estricto es 'simbiosis', como se anotó en la lección sexta. Se utiliza tanto para denotar la relación estrecha entre el sector público y el sector privado como para ilustrar la naturaleza de las relaciones entre las grandes empresas y las pequeñas y medianas unidades de producción o PMI. Las lecciones que se desprenden de las experiencias de Taiwán, Japón y Corea revelan diversas formas de la simbiosis que existe entre los grandes y los pequeños productores. En general se puede afirmar que, a pesar de los conflictos y las difíciles negociaciones internas, existe una estrecha relación orgánica entre pequeñas y grandes empresas. Cada parte hace esfuerzos y concesiones; pero también existen lazos de unión y redistribución de ganancias para compensar los primeros y contrarrestar las segundas. Actualmente la política gubernamental reconoce este hecho: existen vasos comunicantes entre quienes colocan el nombre en sus productos y quienes proveen los servicios y partes básicas para su fabricación. Es decir, no hay una política separada para la gran industria y otra para las pequeñas empresas. Hay una sola práctica de capacitación, de estímulos y de financiación. Un solo reconocimiento de que grandes y pequeños forman parte de una sola industria. Tan importantes los unos como los otros.

Lo anterior incrementa su importancia ante el hecho de que los nuevos sistemas de producción están desarrollando estructuras flexibles, de pequeña escala, con énfasis en la producción "a la medida". A este respecto, el caso de Toyota llama la atención e ilustra este punto. Con una producción mensual de 3 530 000 vehículos en el Japón, Toyota maneja 19 000 opciones diferentes. Como ejemplo de qué tan cerca está la empresa de sus clientes, el comprador que escoge su vehículo por conducto de un concesionario en Tokio tiene eso: 19 000 posibilidades para escoger y solicitar su selección directamente al computador, que llena el pedido y envía la señal digitalizada a una de las plantas de producción. Obviamente, para ello Toyota requiere una administración supremamente ágil y flexible... y pocos intermediarios entre cliente y operario. Además, cuenta con una red de más de 800 empresas pequeñas que fabrican partes, elementos y repuestos. Así Toyota se convierte en una ensambladora de elementos producidos por otros pero con la tecnología, el diseño, la financiación, la supervisión y la calidad de Toyota.

El caso de Toyota no es excepcional. En casi todas las otras compañías, la casa matriz subcontrata la elaboración de piezas para que otras empresas, pequeñas y medianas, realicen el trabajo; pero la tecnología, los métodos e incluso los diseños los elaboran conjuntamente la compañía matriz y los subcontratistas. En Occidente, la diferencia reside en que la formalización del contrato entre fabricantes y proveedores constituye su único vínculo real; lo verdaderamente importante es el precio y las obligaciones jurídicas que cada parte asume. Pero no existe una permanente integración tecnológica y de solución de problemas.

En Asia, además, hay entidades oficiales que supervisan estos acuerdos informales para consolidar las alianzas entre productores grandes y pequeños. Como la globalización presionará a las empresas internacionales a reducir de escala y a volverse más especializadas vendedoras y más flexibles oferentes de servicios, son las PMI las que ya se están convirtiendo en el sector más dinámico de la producción. Las PMI que no tienen vínculos permanentes con las grandes, lo hacen a través de las llamadas "bolsas de subcontratación" que han resultado tan exitosas en años recientes. En el Japón, por ejemplo, son las PMI las únicas que han mantenido altos niveles de producción a pesar de la larga recesión que se ha vivido en los últimos tres años. También fueron ellas las que mejor asimilaron los efectos de la ruptura de la "burbuja económica" o período de gran especulación (1986-1989), que comprometió activos del sector financiero y de las grandes comercializadores en más de 180 000 millones de dólares. A pesar de que el número de pequeñas y medianas empresas que quiebran oscila, en promedio, entre ochocientas y mil mensualmente, las restantes, que superan el millón, hacen grandes esfuerzos por mantener altos niveles de competitividad y han aumentado su producción en los últimos quince años. De nuevo, según Shoichiro Toyoda, presidente de Toyota, "competencia y *kyosei* son conceptos compatibles. Las asociaciones entre empresas o países con arreglo al concepto de *kyosei* no revisten un carácter de confrontación sino de permanente y concertada ayuda mutua. De hecho, el término, en el contexto budista, significa 'vivir juntos'".

A pesar de la dificultad universal de categorizar a las PMI, las empresas asiáticas con menos de 200 trabajadores son las que más crecen, gracias a la eficaz asimilación de nuevas tecnologías, hasta el punto de que ya en la jerga internacional se las conoce como "gacelas", por su velocidad, flexibilidad y vitalidad. Las empresas "gacelas" están siempre listas a incorporar nuevas ideas, a hacer adaptaciones y ensambles de viejas ideas o nuevos productos para sacar algo nuevo al mercado. Según David Birch, "las 'gacelas' son creativas e inherentemente experimentales. Ellas exploran nuevos mercados, con gran éxito en unos casos y fracasos en otros [...] pero su agilidad es complementaria de su espíritu empresarial y de su capacidad de innovación". Aunque en Asia pocas de éstas alcanzan, en promedio, una vida útil mayor de seis años, las "gacelas" han demostrado una dinámica especial en los turbulentos mercados internacionales. Puesto que el crecimiento económico se produce en las aguas turbulentas y no en las tranquilas, allí los pequeños han mostrado ventajas, no tanto por su tamaño como por su flexibilidad y facilidad de adaptación.

Lección novena: infraestructura institucional y física

A pesar de que la opinión de algunos estudiosos de Asia difiere de la nuestra, creemos que una sólida estructura institucional ha sido pilar fundamental en el desarrollo económico de los países del A-P. Fueron el Japón, Corea, Taiwán, Singapur, Malasia y Hong Kong los que primero crearon instituciones sólidas apoyándose en su visión de largo plazo y en la planeación estratégica de largo alcance. Basándose en la necesidad de adoptar audaces estrategias de comercialización, crearon instituciones que se conocen genéricamente como "agencias piloto". Entre ellas se destacan: MITI, del Japón; la Dirección de Desarrollo Industrial, de Taiwán, y el Departamento de Planeación Económica, de Corea. Ellas se situaron cerca del núcleo de poder de los gobiernos y han funcionado como brazo planificador del primer ministro o presidente de turno. Con persuasión y estímulos pero también con control sobre los presupuestos de inversión y promoción, estas entidades dieron continuidad a la política de promoción de exportaciones y transferencia de nuevas tecnologías.

En el caso del Japón, los organismos encargados de la planificación (Oficina de Planificación Económica), de las relaciones internacionales (Ministerio de Relaciones Exteriores, o Gaimusho), del manejo presupuestal y monetario (Ministerio de Finanzas) y del Comercio Exterior y la Industria (MITI) incorporaron a los mejores profesionales y a los más devotos seguidores de una concepción según la cual la "mano invisible" no es el mercado sino la burocracia tecnócrata y "meritocrática". Fueron ellos los encargados de elaborar los planes de desarrollo económico y los de desarrollo industrial y tecnológico. Además, durante las crisis del petróleo de 1973 y 1982, ellos se encargaron de hacer triplicar, en sólo nueve años, la producción industrial sin aumentar el consumo energético. Claro está que a estos mismos organismos también se los responsabiliza de grandes y costosos errores cometidos en el desarrollo de nuevos productos, de estrategias comerciales equivocadas y de la difusión de tecnologías no suficientemente probadas. El Japón, por ejemplo, perdió ingentes sumas de dinero en megaproyectos como la televisión de alta definición, basada en la tecnología analógica en lugar de la tecnología digital, de mayor opción futura; los computadores de la quinta generación y los reactores de plutonio. Sin embargo, el balance global de la institucionalización de las políticas de desarrollo industrial desde el comienzo de la industrialización del A-P —es decir, desde 1960— es altamente positivo. En ello, la labor de instituciones modelo, como el MITI japonés, ha sido positivamente reconocida, aunque hoy se critique su excesivo poder de influencia.

Generalmente estas entidades incorporaron los mejores y más capacitados profesionales. No es raro encontrar entre 30 y 50 Ph.D. trabajando en ellas, bien sea en Taipei, Seúl o Kuala Lumpur, trazando planes de largo plazo o recomendando ajustes de política macroeconómica. La esencia de estas entidades radica en difundir los beneficios de mayores niveles de productividad; capacitar profesionales por medio de cursos cortos de alto contenido técnico; coordinar cursos y seminarios de divulgación; identificar nuevas tecnologías y asesorar a los interesados en la negociación sobre adquisición de tecnología. Estas entidades, como los centros de productividad, aunque iniciadas por el sector público, cuentan con la participación del sector privado en diferentes grados. En la mayoría de los casos, esta participación oscila entre el 40% y el 60%. Así el sector público va gradualmente desligando su control y manejo para que el sector privado asuma su dirección, aunque todavía estas entidades requieran financiación del gobierno. Incluso en el Japón, donde el sector privado ejerce el control total del centro de productividad, el gobierno le asigna partidas presupuestales periódicamente.

En Asia, tanto las instituciones públicas como las privadas han sido las encargadas de generar y mantener la cultura de la productividad y la competitividad. Sobre todo las primeras. En el A-P, más que en cualquier otra región, se ha rebatido con hechos la famosa frase de Reagan: "La solución no es el gobierno, el gobierno es el problema". Aquí el gobierno participa, incentiva, guía y, aunque no escoge a los ganadores, sí los promociona. El gobierno soluciona y crea el espacio en el cual se mueve y circula el sector privado. En Asia el arreglo institucional y la decidida voluntad de intervenir en los mercados por parte del gobierno refleja fortaleza, no debilidad. Además, la participación de los planificadores y burócratas en las primeras fases del proceso ha fortalecido las industrias jóvenes. Una vez que el proceso de desarrollo asiático dio sus primeros resultados, el sector privado tomó el control del volante, dejando al gobierno en el asiento trasero... pero de todos modos dentro del automóvil.

Todo esto ha requerido, para los asiáticos, una readecuación institucional pero también una transformación mental. Un *doi moi*, como dicen los vietnamitas, o "rejuvenecimiento". No sólo el sector público de los países asiáticos necesitó realizar esta "reestructuración" o transformación; también el sector empresarial tuvo que prepararse para asumir el mando y la dirección del proceso. El sector privado, antes de 1960, nunca hizo algo distinto de tomar el cómodo asiento trasero del vehículo. El sector público fue el que realizó las primeras inversiones, estructuró el marco institucional, lideró el proceso de consenso nacional alrededor de objetivos de productividad, marcó el paso y sirvió de facilitador permanente. Ya hoy es diferente. El sector privado es el motor del proceso, y el público un socio comprometido y listo para actuar en pro de los intereses nacionales. Se trata de un matrimonio con funciones claramente definidas; ya no de una relación incestuosa, como tradicionalmente sucedía. Aunque aún persisten dudas sobre la transparencia en las actuaciones y sobre la claridad de intereses que motivan a la mayoría de los mercados asiáticos, la globalización está haciendo más transparente esta relación. Ejemplo de ello son las disputas entre el Japón y los EE. UU. en materia comercial; a cada una de las partes le ha tocado delimitar mejor y más claramente la relación entre el sector público y el privado.

En síntesis, el desarrollo económico del A-P, inicialmente motivado y realizado por los gobiernos, también contó con el apoyo y esfuerzo de la empresa privada. Sin una infraestructura institucional pública sólida, competente, mística y disciplinada, no hubiese sido posible lograr el gran salto hacia el desarrollo acelerado. Pero tampoco sin el concurso del capital privado se hubiera podido crear una infraestructura física apropiada y moderna para el desarrollo industrial y la competencia. La asociación público-privada realizó megaproyectos concebidos con la óptica de hacer a los países más competitivos como un todo. Así sucedió, por ejemplo, con el tren "bala" japonés, que se convirtió en orgullo tecnológico nacional y símbolo de la infraestructura necesaria para ser eficientes en transporte; el puente de Shikoku, que costó 10 000 millones de dólares y tiene 35 kilómetros, y el aeropuerto de Osaka, que costó 15 000 millones de dólares. (Son sólo ejemplos aislados de la magnitud del compromiso del sector público.) En los próximos diez años, otros proyectos de infraestructura costarán 1.5 trillones de dólares, sin incluir los 180 billones de dólares que costará la reconstrucción de Kobe, devastada por el reciente terremoto. Sin lugar a dudas, las instituciones sólidas y la infraestructura moderna dieron a los países del A-P su primera ventaja competitiva.

Lección décima: atún, bambú y ciruelo (velocidad, flexibilidad y fortaleza)

Se cuenta que, antes del descubrimiento de América, navegantes portugueses llegaron por primera vez a las costas de Kyushu, que es una de las cuatro islas principales del archipiélago, al sur del Japón, portando arcabuces, que causaron gran admiración entre la población local. Los habitantes de la isla ofrecieron pagar un precio exorbitante por los trescientos arcabuces traídos por los marineros. Los portugueses, maravillados, vendieron toda su existencia y partieron convencidos de haber conquistado un mercado sin límites al cual podrían ofrecer enormes cantidades de armas en su próximo viaje. A su regreso, un año más tarde, ¡cuál no sería su sorpresa al no encontrar quién quisiera comprar siquiera una de las armas traídas, esta vez, en tres embarcaciones! La razón: con gran disciplina y su curiosidad innata, los japoneses habían logrado fabricar los arcabuces. Esta anécdota ilustra lo que ha sido la experiencia japonesa en su proceso de acopio de tecnologías foráneas. Pues el Japón, al igual que con los arcabuces, históricamente ha pagado altas sumas de dinero por tecnologías desconocidas que luego logró dominar. Así sucedió con los procesos de producción de cerámica provenientes de Corea y con los de fabricación de seda de la China. También con las fibras sintéticas textiles de los EE. UU.; con los microchips; con los circuitos integrados; con los procesos de refinación; con los aceros especiales; con el transistor plano; con los reactores nucleares. Japón se movilizó con velocidad, fue flexible a las exigencias de quienes desarrollaron las tecnologías y demostró decisión y fortaleza en sus objetivos. Ello le permitió asimilar nuevas tecnologías y mejorarlas. Siguiendo la hermosa tradición japonesa de comparar las características de las personas con elementos de la naturaleza, podría decirse que el atún, el bambú y el ciruelo simbolizan la permanente actitud japonesa en materia de tecnología.

Según una explicación dada por el guía principal del palacio de verano de Kyoto, los samurais pertenecientes a las clases privilegiadas de la época del gran shogun Tokugawa tenían al atún, al bambú y al árbol de ciruelo como los tres símbolos de las virtudes necesarias para triunfar en la vida. El atún representa la increíble velocidad del pez que vive migrando sin parar, buscando su objetivo; el bambú, o *take*, representa la flexibilidad, pues, a pesar de su estructura rígida, es extremadamente flexible; y el ciruelo, o *ume*, simboliza la fortaleza, pues es el único árbol que florece durante el invierno. A la manera de los antiguos samurai, el Japón de hoy y sus seguidores en el A-P parecen practicar estas tres virtudes con relación a la incorporación de conocimientos de Occidente. Lo hacen con mística y realismo práctico, pues en un mundo globalizado no se puede competir exitosamente con menos.

De las tres virtudes, velocidad, flexibilidad y fortaleza, no hay ninguna más importante pero sí una más decisiva para los países que decidan insertarse en el actual mundo globalizado: es la rapidez. De ella dependió que los países del A-P hubieran reorientado sus economías hacia las exigencias de los nuevos mercados mundiales y que alcanzaran los niveles de competitividad que hoy tienen. En el A-P no se conoce el refrán de "el pez grande se come al chico", se aplica el de "el pez rápido se come al lento".

Lección undécima: ¿ciencia o tecnología?

Al hojear el clásico *Manual de química y física*, libro de consulta de toda la investigación básica que se hace en el mundo en estas dos disciplinas, éste presenta más de 80 000 referencias a proyectos e investigadores. Lo curioso es que la inmensa mayoría de las referencias a nombres y trabajos son de los EE. UU. Aunque con mucho menos frecuencia e importancia, también aparecen algunos nombres de países europeos y de Rusia. Es curioso que países como el Japón, la China y Corea no aparezcan en las referencias de esta biblia de la investigación científica. Lo que sucede es que el *Manual* ilustra resultados de investigación científica básica, no aplicada. El Japón, por ejemplo, creó históricamente los mecanismos e incentivos para que los investigadores y técnicos se dedicaran primordial o exclusivamente a la tecnología aplicada a procesos industriales más bien que al desarrollo de la ciencia básica. Esto también se refiere a la China y los demás países del A-P. Sólo recientemente, con proyectos como los de la Ciudad de la Ciencia de Tsukuba, en el Japón; el Parque de la Ciencia de Hsinshu, en Taiwán, y los Parques Científicos de Corea, la China y Singapur, se ha comenzado a desarrollar en serio la investigación en ciencia básica en Asia. Los países de A-P debieron escoger entre ciencia o tecnología. Dada su escasez de recursos y el estado de atraso relativo en materia de industrialización, sólo podían colocar todo su esfuerzo en una de las dos. Y sólo la tecnología aplicada a la industria les aseguraba beneficios en corto tiempo.

En el caso de otros países del A-P, diferentes del Japón, el desarrollo de una tecnología industrial "propia" ocupa la mayor parte de la atención y de los esfuerzos nacionales. Este grupo de países sabe claramente que la única manera de aumentar la productividad es con fuertes dosis de transferencia de tecnología aplicada. Es decir, tecnología industrial, que permite producir más con menos. No toda la tecnología se encuentra en el mercado y no todos los países están interesados en transferir las tecnologías que les dan ventajas, puesto que saben que incrementan la competitividad de los adversarios. La gestión de los gobiernos asiáticos ha consistido en identificar tecnologías industriales, colaborar en la negociación de éstas y supervisar que las partes cumplan sus compromisos. Como las primeras transferencias se hicieron con costos muy altos, hoy están dispuestos a transferirlas hacia quienes paguen por ello y se comprometan a mantener acuerdos de reciprocidad. Tarea que puede durar años. Cuando se les pregunta si se justificó haber pagado tan alto los primeros contratos de transferencia tecnológica, los representantes de entidades del gobierno y del sector privado contestan sin titubear que el otro camino hubiera sido permanecer en el oscuro túnel del subdesarrollo.

A partir de los años 90 la tecnología adquirió una nueva dimensión. Esta nueva dimensión consiste en que la tecnología no sólo es el complemento y el soporte de los procesos productivos sino que se ha convertido en una *commodity*, en una mercancía como cualquier otra. De ahora en adelante, ya no sólo será el apoyo fundamental de los procesos productivos sino que será un nuevo producto para negociar. De hecho, muchos países se están preparando para hacer de la tecnología el producto número uno de su comercio internacional. Los EE. UU. ya lo vienen haciendo. El Japón ya comenzó a hacerlo en telecomunicaciones, microelectrónica, nuevos materiales y medio ambiente. La nueva gran revolución consiste en que la tecnología aplicada pasará de ser un factor de producción a ser un producto más, negociable en el mercado. "Producto" que, por ser altamente perecedero, tendrá entre sus ganadores a los que ya cuentan con una infraestructura de investigación y desarrollo tecnológico... o de asimilación rápida.

Lección duodécima: diplomacia económica

La diplomacia que se practica en Asia es diferente de la que practican los países del hemisferio occidental. En los países asiáticos ya dejó de funcionar la diplomacia tradicional con objetivos únicamente políticos y protocolarios. Con la aparición del telefax, la existencia de las telecomunicaciones instantáneas y un mundo globalizado, cambió la naturaleza de las misiones diplomáticas. Ahora tienen que ser promotores y "vendedores" del país y no simples transmisores de intereses políticos internacionales. La nueva diplomacia es esencialmente lo que pudiéramos llamar una diplomacia comercial o diplomacia tecnológica. Es decir, utilización de los canales institucionales de las relaciones exteriores, a través de los cuales se comunican formal e informalmente los países para conseguir mejoras en la posición tecnológica del país y en la consecución de apoyos y ventajas comerciales. Y no sólo ayuda concesional externa tipo AID, ODA o cooperación técnica y financiera. No. Es lograr acuerdos comerciales de cooperación tecnológica y comercial. Veamos. Corea del Sur consiguió grandes ventajas gracias a la ayuda de los EE. UU. después de la guerra. Taiwán perdió importantes oportunidades de desarrollarse debido, sobre todo, a la oposición de la China continental. Hong Kong, Singapur y Malasia deben a su manejo diplomático las ayudas recibidas del gobierno británico. El Japón, a pesar de proyectar la imagen de país cerrado e insular, ha aprovechado eficazmente sus nexos diplomáticos con el exterior para lograr el espectacular desarrollo de su economía. En la historia japonesa reciente se destacan cuatro acontecimientos que pusieron a prueba su capacidad diplomática: la guerra de Corea, la guerra del Vietnam, la crisis del petróleo de 1973 y el proceso de rápida revaluación del yen, llamado *endaka* (por el cual, en los últimos 10 años, Japón sufrió una revaluación del yen de 400%). En cada una de las dos guerras funcionó la diplomacia comercial. En los casos de la crisis petrolera y de la *endaka*, funcionó la diplomacia tecnológica. Gracias a las guerras, el Japón logró que los EE. UU. lo utilizara como primer proveedor de material bélico, lo cual le ayudó a despegar (guerra de Corea) y a consolidarse (guerra del Vietnam) como país industrializado. Gracias a la tecnología, Japón pudo triplicar su producción manteniendo el mismo nivel de consumo energético en el período de tres lustros. Aunque casi toda la tecnología fue comprada, los canales políticos de la diplomacia le sirvieron de vehículo y respaldo.

Aunque subsisten algunas zonas de potencial conflicto militar, político y territorial en la esfera de influencia del A-P, indudablemente son los temas comerciales y tecnológicos los que predominan en las agendas de los países asiáticos. A pesar de la existencia de armas nucleares en Corea del Norte; de la disputa por las islas Kuriles entre Japón y Rusia; de las diferencias sobre las islas Spratley entre seis países del A-P; de las incógnitas respecto de la reversión de Hong Kong en 1997 y de las fricciones fronterizas en Tailandia, Indonesia, Malasia y Vietnam, son los temas sobre cuotas, barreras arancelarias y no arancelarias, patentes, régalías, piratería tecnológica, *dumping* y prácticas desleales las que tienen prioridad real. Por ello estos países han consagrado sus esfuerzos, en las relaciones diplomáticas, formales e informales, a servir sus intereses económicos. Como ya lo dijimos, en estos países predominan los elementos que los diferencian y los separan sobre los que los unen. Para afianzar éstos últimos han encontrado vehículos de comunicación permanente en los que actúa ese poderoso ingrediente que es la diplomacia.

Entre los vehículos de interacción e integración con que cuentan los países asiáticos, se destacan: APEC, PECC, PBEC, ASEAN, EAEC y AFTA[9]. En su seno actúan el sector público, el sector privado y el sector académico, en forma independiente pero con un propósito común: mantener el gran ímpetu de crecimiento económico y comercial de la región, minimizando sus diferencias y motivos de conflicto. A este fenómeno asiático particularmente relacionado con la región del Pacífico, se han adherido países occidentales que comparten la cuenca. En forma tardía y con más romanticismo que convencimiento, comienzan a entender países como México, Chile, Perú y Colombia, que las costas del Pacífico tienen que ser algo más que inspiración de poetas y retórica electorera. Allí está el futuro comercial y tecnológico de toda Asia y América. La Cuenca del Pacífico constituye, repitámoslo una vez más, el 55% de la riqueza mundial, el 58% del comercio mundial y el 50% de la población planetaria.

Lección decimotercera: ahorro interno, inversión y redistribución

Aunque no hay discusión sobre cuáles deben ser las fuentes de capitalización y financiación de la industria de un país, sí existen

---

[9] APEC (Asia Pacific Economic Cooperation); PECC (Pacific Economic Cooperation Council); PBEC (Pacific Basin Economic Council); ASEAN (Association of South East Asian Nations); EAEC (East Asia Economic Council) y AFTA (Asian Free Trade Agreement).

diferentes opiniones sobre la importancia relativa de cada una de ellas. Entre tales fuentes están la inversión extranjera, la deuda externa, el producto de las exportaciones y el ahorro interno. Lo que ocurre con la primera y la tercera, inversión extranjera y exportaciones, es que se asemejan al problema del huevo y la gallina. ¿Qué es primero? ¿Una infraestructura de producción con potencial futuro para que los inversionistas extranjeros inviertan su capital? ¿O que los inversionistas, en una actitud más valiente que racional, inviertan el capital para construir la infraestructura? O, en forma similar, ¿cómo comenzar a fortalecer la industria nacional si no se posee de antemano una base exportadora competitiva? Si, además, descartamos la deuda como fuente de ingresos para la industria, como prudentemente lo hicieron la mayoría de los países del A-P, sólo queda el ahorro como la más lógica y consecuente de las fuentes a que debe recurrir un país decidido a transformarse económicamente. En el A-P, el nivel de ahorro interno triplica históricamente los niveles observados en Occidente y en especial en América Latina. Si comparamos las tasas de ahorro e inversiones internas de los países del A-P con los más exitosos de América Latina, la diferencia es aún significativa. Cuando para aquéllos los promedios de ahorro oscilan entre el 25 y el 35% del PIB, éstos escasamente llegan a tener tasas de ahorro de dos dígitos.

¿Por qué los países del A-P ahorran más que otros? ¿Qué tienen ellos o qué política adoptaron para que el ahorro interno se convirtiera en la base sólida de la exportación? Las respuestas a estos interrogantes no son fáciles, ni aplicables a todos los países. Pero existe una respuesta aplicable a todos: creando valor agregado y con bajos niveles de consumo. Casi todos los países imitaron lo que el Japón realizó generando una economía exportadora de transformación. Lo que traía del exterior, en forma de materias primas o de productos semielaborados, era transformado y exportado. Ello cubría sobradamente los costos de la materia prima y el transporte.

Con los excedentes generados por el sector exportador, en forma de ahorro privado, se desencadenó un proceso autoalimentado de crecimiento. Que es lo que hoy día se llama, con mucha pompa, "proceso de crecimiento autosostenido". La razón y la motivación del Japón para haber mantenido, por tanto tiempo, altas tasas de ahorro no son muy distintas[10] de las de otros países del A-P. Ello contribuyó a que esos otros países trataran, mediante incentivos[11], de aumentar la inversión en industrias selectivas y en infraestructura. La experiencia de estos diez países del A-P enseña que el ahorro nacional fue el principal factor para que se produjeran las más altas y sostenidas tasas de crecimiento económico registradas hasta ahora en el mundo.

Lección decimocuarta: la importancia de la inflación

Aunque no es fácil encontrar referencias específicas a la inflación en los trabajos sobre desarrollo industrial en el A-P, estamos convencidos de que esta variable desempeñó un papel importante para que los países del A-P lograran condiciones favorables de crecimiento. El efecto de la inflación se refleja, primordialmente, en la relación negativa que existe entre especulación y productividad. A mayor especulación, menor productividad. La especulación en los mercados financieros y de propiedad raíz tiene generalmente su origen en economías con altas o crecientes tasas de inflación. Los mayores niveles de inflación son el combustible perfecto para atizar la humareda que se produce en los mercados especulativos, al fin de los cuales sólo queda eso: humo. Es un hecho comprobado en países como los EE. UU., el Japón, Italia e Inglaterra, que la inflación alta afectó negativamente la produc-

---

[10] Las principales razones son de carácter histórico, puesto que incluso antes de la restauración Meiji las tasas de ahorro eran altas; pero otras tienen que ver con la práctica de la lealtad corporativa y nacionalista según la cual los japoneses colocan sus ahorros en la caja postal o en los bancos de las grandes comercializadoras a tasas de interés muy bajas, debido a sus vínculos afectivos con el país y las compañías y, también, por producirles ello una alta valoración de la seguridad.

[11] Los incentivos que otorga el gobierno mediante la exención de impuestos, los créditos subsidiados o las rebajas de tarifas, los percibe la sociedad como un todo a través de los innumerables subsidios que otorgan las compañías en vivienda, salud, educación, relaciones públicas y entretenimiento.

tividad y el crecimiento del ingreso. Se calcula, por ejemplo, que durante la famosa ola especulativa que vivió el Japón de 1987 a 1990, conocida como la era de la *bubble economy* ('economía de la burbuja') la productividad dejó de crecer en 0.3%. Esto, en una economía que produce casi cinco trillones de dólares, representó una pérdida, en comercio, equivalente a lo que produce Chile en un año.

El círculo vicioso inflación-especulación-baja productividad no se produjo en los países del A-P debido a la fortaleza de sus monedas y a la madurez y magnitud de los mercados financieros y de capitales; también a las fuertes reglamentaciones (regulación) de los gobiernos contra toda motivación especulativa, y, además, a causa de la naturaleza más arbitraria y rígida de las burocracias administrativas. A pesar de la gran escasez de tierra y activos de propiedad raíz, los fenómenos especulativos de importancia no se presentaron antes que las economías se consolidaran. En efecto, las olas especulativas más fuertes aparecieron en el Japón a fines de 1987, en Corea en 1992, en Taiwán en 1993, y la más reciente en Hong Kong, en 1994. Pero como el proceso de industrialización ya está consolidado en estos cuatro países, los efectos no han sido tan devastadores.

La especulación, inducida generalmente por las altas tasas de inflación, actúa como gran detractor y minimizador de los aumentos de productividad. Las economías asiáticas, como las de Filipinas e Indonesia, lo han podido comprobar. En la medida que los recursos se desvían hacia las aparentemente más atractivas ganancias especulativas, la industria se afecta con menores niveles de inversión en tecnología, menor capacitación y menor apoyo de infraestructura, fenómeno que no ocurrió en la mayoría de estos países.

Lección decimoquinta: zenshin

Ésta fue la última lección que recogimos. No porque no haya más, pues quedan otras por sugerir, sino porque hasta aquí decidimos "exprimir" esta vivencia. Se nos quedaron muchos temas por explorar, que dejamos de lado. Aspectos como la seguridad, el orden ciudadano, los valores familiares, la regulación, etc., todos ellos desempeñan un papel importante en este laboratorio social asiático. Pero nosotros decidimos, de antemano, parar aquí. Si comenzamos con *zenshin*, terminamos con *zenshin*.

Zenshin, como repetidamente se ha dicho, resume el proceso que, creemos, debe aprender todo país que desee desarrollarse. Ello se hace colocando la fuente principal de crecimiento en las exportaciones y en la ampliación (léase: incremento del poder adquisitivo de la mayoría de la población) de los mercados internos. Es lograr una mentalización general y una visión de largo alcance sobre los beneficios de adoptar tecnologías apropiadas a los procesos de producción; sobre las ventajas de desarrollar una nueva cultura de la productividad para poder aventurarse a entrar en terrenos de la globalización. Incorporar *zenshin* a la vida cotidiana le tomó al Japón 45 años, a Taiwán 35, a Corea 30 y a Singapur y Hong Kong 20. Malasia, Tailandia e Indonesia —e incluso la China continental— están apostando a poder realizarlo en menos de 15 años... y probablemente lo lograrán. Recordemos, por ejemplo, que en 1959 los EE. UU. producían 30 000 retroexcavadoras y el Japón sólo 1 600. En 1980 la producción del Japón se había multiplicado por 60 y la de los EE. UU. por tres. En 1993 la mitad de las retroexcavadoras del mundo se producían en el Japón, y cuatro de las cinco mayores compañías fabricantes del mundo son japonesas. Algo análogo pasó con la fabricación de microchips de computador, cuya producción pasó a dominar Malasia; o con los aparatos electrodomésticos que se producen en Tailandia; o con la industria de refinación de petróleo en Singapur; o con la industria de computadores y aparatos de telecomunicación en Taiwán. Esto es lo que nosotros llamamos *zenshin*: concepto que encierra una determinación inamovible de alcanzar un triple objetivo: productividad, mayor productividad y permanente productividad. *Zenshin* es un término tomado del japonés pero que sintetiza conceptos que forman parte del lenguaje y la filosofía de otros países del A-P: *bumiputera*, de Malasia; *doi moi*, del Vietnam, y *kaizen*, del Japón. Lo cual muestra que, independientemente de los términos diferentes, es ya un concepto "universal". Concepto que ha demostrado exitosamente la invalidez de ciertas creencias o nociones: que la productividad aumenta los costos y el desempleo; o que es un problema individual y no colectivo. Según la experiencia del A-P, la productividad ha aumentado el empleo industrial, no lo ha disminuido. La calidad ha disminuido costos, no los ha aumentado. Con *zenshin* se generan inventarios más pequeños y racionalizados, lo cual es más rentable que mantener altos lotes de producción aun a pesar de que existan economías de escala. El proceso de *zenshin* favorece a los obreros y empleados, pues los toma en cuenta. "Un trabajador pensante y copartícipe es un trabajador más productivo", reza uno de sus principios. En síntesis, este vocablo japonés —y ahora más que japonés— representa lo que implica y significa un proceso de mejora continua, de mejorar mientras se crece, de superarse constantemente. De saber para dónde va uno y cuánto avanza cada día. Es toda una filosofía de la motivación, la decisión y la ejecución de algo sin lo cual desapareceremos como nación... y quedaremos reducidos a la simple condición de país. La globalización es la red orgánica comercial que establecen las naciones que se decidieron y lo están logrando; no de los países que, como islotes individuales, se limitan a mantener una inercia colectiva sin más futuro que el propio consumo de los pocos frutos que ofrecen las economías aisladas.

Capítulo X

AGENDA PARA EL SIGLO XXI: REFLEXIONES Y RECOMENDACIONES ACERCA DE UNA POLÍTICA PARA LOS PAÍSES EN VÍAS DE TRANSFORMACIÓN

En lo que va corrido de la posguerra sólo un pequeño grupo de países en vías de desarrollo ha escapado al círculo vicioso de la pobreza: los países del A-P. El grupo de naciones del A-P logró, en un período relativamente corto, aumentar su ingreso per cápita mucho más rápidamente que el resto de las economías del mundo y que su propio crecimiento poblacional. Esto fue posible gracias a un exitoso proceso de industrialización, en el cual se destacan varios elementos comunes de gran importancia: visión de largo plazo, encaminada a preparar las respectivas economías para los procesos de globalización que caracterizarán al siglo XXI; dinámica política industrial orientada hacia la exportación; desarrollo tecnológico mediante transferencia de tecnología industrial; creación de una cultura de la competitividad y la productividad; decidida participación del Estado; énfasis en el desarrollo de recursos humanos y, ante todo, una actitud nacional de mejoramiento continuo a partir de la toma consciente de la decisión de desarrollarse. En una palabra: *zenshin*.

Tomando como base la experiencia industrial y tecnológica

de los países del A-P y frente a las nuevas realidades económicas mundiales, nos proponemos, en este capítulo final, exponer algunas consideraciones y recomendaciones específicas para los países en vías de transformación. Eso nos permitirá extrapolar las experiencias ya analizadas y los conceptos de política aprendidos con el fin de desarrollar T-C-P en los países que estén preparándose para la ardua competencia que caracterizará al siglo XXI.

Los países que decidan emerger en el nuevo siglo deberán emprender un acelerado proceso de modernización e internacionalización de sus aparatos productivos, para que ello los encamine finalmente hacia su industrialización y hacia un desarrollo económico y social sostenible. No obstante, la mayoría carece todavía de la motivación colectiva o cultural y de la infraestructura institucional adecuada para absorber y manejar tecnología. Por lo tanto, para desarrollar y mantener niveles de productividad y competitividad suficientes deben afrontar un camino difícil, lleno de obstáculos y sin garantía de éxito.

Somos conscientes de que cada experiencia de desarrollo económico tiene características y momentos históricos específicos y que la copia de modelos de desarrollo ha traído resultados defraudadores e insatisfactorios. Sin embargo, creemos que países como los de América Latina tienen mucho que aprender de la experiencia del A-P, especialmente ahora, cuando la mayoría de ellos han decidido modernizar sus aparatos productivos como primer requisito para insertarse con éxito en el sistema económico internacional.

Los elementos analizados a lo largo de este libro trascienden —a nuestro modo de ver— las fronteras culturales y políticas de cada nación del A-P. La razón es simple: la tradición confuciana, los efectos de la reforma agraria, la severidad de los sistemas políticos, la delicada situación de seguridad regional y la gran influencia de los Estados Unidos son elementos que, en unos casos más y en otros menos, han influenciado el desarrollo económico de estos países. Detrás de ellos se esconden otros elementos comunes para esta región. Precisamente lo que hemos intentado es "detectar" lo que está detrás de lo evidente y lo que es común a todos. Por ello identificamos quince lecciones que puedan ser aplicadas en cualquier país de nivel medio de desarrollo, a pesar de las diferencias culturales, religiosas o ideológicas. Más aún: aunque los países del A-P, vistos desde cerca, son de gran heterogeneidad, tanto cultural como étnica y religiosa y sus pasados históricos provienen de corrientes divergentes, el conjunto de elementos económicos que hemos denominado aquí el "modelo asiático" tiene aplicabilidad en otros contextos no asiáticos.

La competencia global

Actualmente estamos viviendo en un mundo en el cual las ventajas competitivas, la competitividad internacional y la división internacional del trabajo son cada vez más el resultado de políticas económicas nacionales y menos de la dotación de recursos naturales, en donde la competencia no está limitada a las fronteras nacionales. En este contexto, la competencia exige la tarea de incorporar y hacer más eficiente el uso de activos estratégicos, como conocimiento, acceso a los mercados y activos tecnológicos y financieros.

A fin de competir globalmente, las empresas y los países tienen que definir y establecer una estrategia global rentable que refleje ventajas competitivas permanentes y no ventajas comparativas transitorias. Es importante tener en cuenta que las fortalezas económicas no son universales, ni estáticas ni únicas. Que las realidades de los mercados son extremadamente dinámicas. Las empresas y los países tiene que trazar sus estrategias sólo de acuerdo con la industria o grupo de industrias en las cuales quieran competir y de acuerdo con sus propias habilidades y ventajas. Pues no se puede tener ventaja absoluta en todo, en un mundo abierto. En pocas palabras, una estrategia global es una combinación de elementos de estrategia de producción nacional y de comercio internacional, asegurando la tecnología (por ejemplo, a través de la compra o de la inversión extranjera directa) que permita vender más y con mejor calidad en el mercado global.

Con el fin de lograr esta estrategia global de los países en vías de transformación, los gobiernos, en colaboración con el sector privado, deben trazar un plan industrial y de desarrollo tecnológico. Eso les permitirá promover industrias en determinados "nichos" de la producción mundial, en los cuales los países desarrollados sean débiles, o en industrias en las cuales, aunque ellos sean fuertes, existan posibilidades reales de penetrar y mantenerse en el mercado. Tales industrias tienen que ser capaces de aumentar permanentemente el valor agregado; de dar énfasis al buen diseño, a la calidad y a la modernización tecnológica, y, de ser posible, de expandirse para lograr un tamaño que permita facilitar la reducción de costos y tener presencia con imagen en el competido mercado internacional.

Si en los años 80 las economías de los países desarrollados se volvieron más interdependientes, como parte del proceso de globalización, al mismo tiempo la distancia entre ellas y las economías de los países en desarrollo se incrementó sustancialmente. Esto ha hecho que, en términos generales y con la excepción de las nuevas economías del A-P y de las economías de algunos países latinoamericanos, los países en vías de desarrollo no participen del proceso de globalización de la economía mundial. Los países menos desarrollados van quedando cada vez más alejados de los mercados financieros globales y de los mercados de tecnología. La inversión extranjera directa va a los países en vías de desarrollo en proporciones cada vez más reducidas, pues el futuro de su capacidad de competir internacionalmente y sus sistemas políticos son vistos con escepticismo por los inversionistas internacionales. En 1994 el flujo de recursos de inversión que fue a parar a los países en desarrollo fue de 60 billones de dólares, o sea, menos del 4% del total de la inversión mundial.

¿Qué hacer entonces? Primero, es de vital importancia estar al día acerca de lo que sucede en otros mercados y entender permanentemente las nuevas tendencias mundiales. Segundo, debe trazarse una estrategia industrial y tecnológica que esté de acuerdo con las nuevas realidades económicas. Tercero, es preciso que el gobierno, el sector privado y la población en general asuman un compromiso serio con el desarrollo nacional. Para lograr estos objetivos, se deben gastar recursos, en un corto tiempo de ejecución. El desarrollo tiene muchas más posibilidades de éxito si es producto de la acción conjunta y concertada de los diferentes sectores de la sociedad.

En pocas palabras, se requieren enormes esfuerzos para internacionalizarse. La actual es una era sorprendentemente dinámica y de inmensos retos y oportunidades. Pero ello no quiere decir que el camino sea fácil. En realidad, cada vez se hace más difícil. En los próximos diez años se acabará de consolidar el proceso de reestructuración de la economía mundial, y para no quedarse por fuera no hay otra solución que hacer la tarea y los sacrificios necesarios, si se quiere entrar de frente en el siglo XXI.

Recomendaciones acerca de una política para el desarrollo de T–P–C

Países en vías de transformación de un nivel medio, como Turquía, Grecia y Portugal en Europa; Colombia, Chile, Argentina y Venezuela en América Latina, y algunas de las antiguas repúblicas de la Unión Soviética, son países que han llegado tardíamente al proceso de industrialización pero que, al menos, ya tomaron la decisión de modernizar e internacionalizar sus aparatos productivos como paso previo a la globalización de sus economías. Ahora deben realizar las acciones siguientes en forma conjunta y de cooperación entre el gobierno y el sector privado.

Desarrollo de la capacidad tecnológica nacional: (T)

Los países que llegan tardíamente al proceso de industrialización deben poner todo el énfasis en la adquisición, adaptación y difusión de tecnología aplicada a la producción. Es únicamente mediante un proceso que asegure utilidades como retorno a la inversión en tecnología en el mediano plazo, al igual que mediante la reinversión en I&D, como se generará la dinámica tecnológica. Sólo así se producirá un verdadero desarrollo tecnológico de largo plazo que, paralelamente, se complemente con la importación de otras tecnologías para cimentar y fortalecer la capacidad propia.

Es vital que los países tomen conciencia de la necesidad de desarrollarse tecnológicamente a través de la transferencia de tecnología del extranjero. Dada la enorme cantidad de tecnología disponible en el mercado mundial, la capacidad de absorción de tecnología de cada país (capacidad de importar, adaptar y mejorar tecnología productivamente) es un factor definitivo para su desarrollo tecnológico. El papel activo, no pasivo, del Estado es el medio más conducente para incrementar la capacidad de absorción y para crear el "clima" propicio al desarrollo tecnológico, siempre y cuando que la acción sea continua.

Teniendo en cuenta el momento histórico por el que atraviesan estos países, es más realista esperar que sea el gobierno el que establezca los sistemas de información que permitan a los empresarios nacionales identificar tecnologías y patentes apropiadas, así como negociar su compra. En forma similar a como ocurrió inicialmente en el A-P, es poco probable que en el corto y mediano plazo la inversión extranjera directa se vincule en forma masiva, por problemas sociales y de seguridad. Excepto en países como Taiwán y Singapur, pocas veces se ha logrado que el capital extranjero fluya en los volúmenes y con la rapidez que aseguren un despegue tecnológico. Esto sólo se puede remediar con un modelo de desarrollo tecnológico menos dependiente de la inversión extranjera y más dependiente del ahorro interno, hasta que se cree la dinámica tecnológica propia que asegure el despegue industrial y que lleve, finalmente, al sector privado a tomar las riendas del desarrollo tecnológico.

Desarrollo de la productividad: (P)

Como ya lo hemos reiterado anteriormente, el nivel de vida de una nación depende de su capacidad para mejorar constantemente sus niveles de productividad. Todos los esfuerzos encaminados a incrementar la productividad se traducirán en el bienestar de la población. La experiencia de los países demuestra que los esfuerzos aislados, sin una política clara, no tienen el efecto esperado. La productividad debe ante todo convertirse en una actitud nacional permanente, en una cultura. No debe ser sólo sinónimo de eficiencia sino que debe incorporar conceptos tales como calidad, diseño y buen servicio. En síntesis, es una actitud permanente de producir más y mejor con menos.

El factor humano y el factor capital son los dos factores que influyen directamente en la productividad de una nación y que, por lo tanto, deben ser desarrollados tanto cuantitativa como cualitativamente.

En lo referente al factor humano, la competencia global que caracterizará al siglo XXI contará con dos elementos fundamentales: conocimiento e información. En este sentido, cualquier nación que decida participar activamente en la economía global tiene que hacer esfuerzos enormes en la capacitación y entrenamiento de su fuerza laboral. Pero no se trata únicamente de proporcionar educación básica a su población (lo cual se supone como un punto de partida) sino de hacer de la población económicamente activa un recurso periódicamente "renovable", para alcanzar el desarrollo económico. Si tenemos en cuenta los estimativos del Centro de Productividad de Singapur[1], un trabajador debe ser reentrenado alrededor de *ocho* veces durante su vida económica. En este campo el espacio para mejorar es tan grande que, como lo expresa la compañía de consultoría McKinsey[2] en su estudio sobre la productividad en América Latina, el solo mejoramiento en prácticas gerenciales y organizacionales del factor humano produciría enormes incrementos en la productividad.

Por otra parte, y en relación con el segundo factor que afecta directamente a la productividad, el factor capital, la tarea de crear

[1] National Productivity Board Singapore, *Productivity 2000*, 1990, pág. 8.
[2] "Latin American Productivity", en *The Mckinsey Quarterly*, núm. 2, 1994, págs. 21-35.

una dinámica de permanente reconversión industrial y modernización no es menos titánica[3]. Nuevamente, los países del A-P nos
han enseñado que, para alcanzar crecientes niveles de productividad, es absolutamente necesario tener adecuado el aparato
industrial. Esto significa que las empresas y el gobierno deben
desarrollar en su interior la capacidad de renovar y modernizar
constantemente sus recursos de capital —maquinaria y equipo—. Parte de este proceso debe ser consecuencia de un programa
de reconversión permanente, tendiente a acondicionar el aparato
productivo para la competencia internacional. Solamente a través
de la continua reinversión en modernización y en investigación
y desarrollo, las empresas podrán generar la flexibilidad necesaria
para responder a las cambiantes necesidades del exigente mercado
internacional.

Finalmente, es importante anotar que la productividad también puede aplicarse al propio funcionamiento del Estado. El
sector público de los países en vías de transformación necesita
grandes cambios estructurales y de actitud, con el fin de ser más
productivo. Es decir, aumentar su eficiencia, incorporar la calidad
como concepto fundamental de sus operaciones y hacer más eficaz
su organización. Los países del A-P han emprendido campañas
de productividad pidiéndoles a los trabajadores públicos y a los
tecnócratas una actitud de servicio y una disposición positiva para
mejorar el servicio a los ciudadanos. En las oficinas públicas de
Singapur, por ejemplo, se leen anuncios que dicen: "El servidor
público de Singapur debe atender a la gente como las azafatas
de Singapore Airlines atienden a sus pasajeros". Sobra decir que
Singapore Airlines no sólo está catalogada como la mejor
aereolínea del mundo sino que es la más rentable. La productividad es función de todos, de todo el sistema, no sólo de las
unidades productivas.

---

[3] Ministry of International Trade and Industry (MITI), *Prospects and Challenges for Upgrading
of Industries in the Asean Region*, 1993.

Desarrollo de la competitividad: (C)

Los países de nivel medio en vías de transformación deben desarrollar y crear ventajas competitivas con base en la utilización eficiente de la tecnología aplicada a la producción sólo en algunas áreas de la enorme gama de posibles combinaciones que ella ofrece en cada sector. El uso eficiente de la tecnología es el primer factor que hace posible la obtención de altas tasas de productividad y calidad. Cada vez más, las ventajas competitivas de los países provienen no sólo del empleo eficaz de la tecnología sino de la velocidad de absorción de esta tecnología en el sistema productivo. Cada vez menos otros factores, como la disponibilidad de recursos naturales o el costo de la mano de obra, determinan cuál país tiene ventajas y cuál los costos de producción más bajos. La clave no es el poseer recursos naturales, sino tener la capacidad de agregarles valor.

Las ventajas competitivas no se refieren únicamente a la capacidad que tengan individualmente las empresas para competir sino también a la capacidad que tengan los países, como un todo, para producir bienes y servicios que puedan penetrar exitosamente en los mercados internacionales. Cuando uno piensa en Singapur, no sólo piensa en Singapore Airlines o en Singapore Telecom; piensa en un país que es eficiente y competitivo como un todo. Toda empresa que se establezca en Singapur o en el Japón debe, por el solo hecho de hacer la inversión en países eficientes, incrementar su productividad. También, en este contexto, la acción del gobierno para crear un clima macroeconómico propicio para la competencia global es definitiva. El gobierno *desempeña* un papel activo en la generación de ventajas competitivas mediante el desarrollo de la infraestructura física e institucional, el desarrollo de los recursos humanos y la ejecución de una política tecnológica que promueva la transferencia de tecnología, la innovación y la investigación. El sector privado *debe* hacer otro tanto en la esfera microeconómica, dentro de un ambiente de cooperación entre empresas y con el gobierno; no de rivalidad y confrontación. Ésta última sólo se debe presentar en los mercados

internacionales. Las compañías privadas —que son las protago-
nistas últimas de la competencia global— no tienen otro camino
que lograr niveles de productividad y competitividad suficientemente altos; no bastará con ser buenos, habrá que ser extraordinariamente competitivos...

Las exportaciones como motor del T-P-C y viceversa

El gran motor del desarrollo industrial y tecnológico de los
países del A-P fue y sigue siendo su actitud exportadora. Pero
también fue el T-P-C el causante de su éxito exportador. Sin
excepción, todos estos países cambiaron rápidamente de modelos
de sustitución de importaciones a modelos de desarrollo hacia
afuera, "jalados" por las exportaciones. Aunque esta reorientación
coincidió con un período de rápido crecimiento de la economía
mundial, se calcula que su vigor propio ayudó, a su vez, a mejorar
el crecimiento mundial. Exportar pasó a ser una prioridad nacional, y el desarrollo de aparatos industriales con marcado énfasis
en las exportaciones significó crecer en pocos años lo que hubiese
tomado varios decenios de crecimiento histórico.

Sin embargo, las cosas han cambiado en el último decenio.
La economía mundial ha entrado en un período de crecimiento
lento, con bajas tasas de inflación, pero a la vez con altas tasas
de desempleo. Ante esta situación, los gobiernos —principalmente los de los países industrializados— se han vuelto más sensibles
a los desequilibrios comerciales, al mismo tiempo que los consumidores se han acostumbrado a niveles crecientes de calidad
y a la aparición continua de nuevos productos. Esto ha generado
una situación en la cual las exportaciones son el elemento más
importante de la dinámica global, superando la dinámica y el
volumen de los mercados domésticos, como lo ilustran los casos
de los EE. UU., Europa Occidental y el Japón.

Como dice Lee Kuan Yew, ex primer ministro de Singapur:
"El esfuerzo debe ser cada vez mayor para, por lo menos, permanecer en la misma posición exportadora".

Es contra este escenario, más difícil y complejo, que se enfrentan los países que han decidido abrir sus economías recientemente. Es claro que exportar es prioritario, pero también es claro que cada vez se requieren niveles más altos de capacidad tecnológica y de productividad. Los bloques regionales y los acuerdos de libre comercio se están convirtiendo en importantes instrumentos para desarrollar la capacidad exportadora que se requiere para competir globalmente, a través del fortalecimiento de la capacidad de los productores nacionales. Pero subsiste un gran reto: lograr, paralelamente, una mejor distribución del ingreso, lo cual constituye un elemento esencial para el éxito de una estrategia exportadora y de desarrollo autosostenido.

En la política de T-P-C, el orden de los factores sí altera el producto

Aunque el desarrollo de la capacidad tecnológica (T), el aumento de los niveles de productividad (P) y la creación de ventajas competitivas (C) forman parte de un proceso integral, la manera como se conciba y evolucione *sí* altera los resultados finales. En concreto, tal como lo muestra el gráfico 1, la competitividad depende de la productividad, y ésta, a su vez, depende de la capacidad tecnológica. Los países del A-P son prueba contundente de cómo únicamente mediante el empleo eficiente de tecnología aplicada a la producción los países pudieron mejorar su productividad y, a través de ella, su competitividad en el largo plazo. Esfuerzos aislados y sin la incorporación masiva de nuevas tecnologías en el sistema productivo no pasarán de ser eso: sólo esfuerzos estériles y frustrantes. Únicamente mediante una política, una actitud mental y unos esfuerzos continuos pueden los países en vías de transformación alcanzar tasas de crecimiento mayores al 6% anual durante períodos sostenidos y despegar industrialmente. El A-P es un testigo silencioso de esta verdad... y el primer guerrero triunfante de la revolución muda que se libra en los campos de batalla industrial y comercial de los mercados del mundo.

Bibliografía

ASIAN PRODUCTIVITY ORGANIZATION, *Apo News*, Tokio, The Asian Productivity Organization, julio de 1994, vol. XXIV, núm. 7.

ASIAN PRODUCTIVITY ORGANIZATION, *Apo News*, Tokio, The Asian Productivity Organization, agosto de 1994, vol. XXIV, núm. 8.

BANCO DE TOKIO, *Tokyo Financial Review*, Tokio, agosto de 1994, vol. 19, núm. 8.

BANCO MUNDIAL, *World Bank Economic Report*, Washington, D.C., 1970.

BANCO MUNDIAL, *Colombia, Country Economic Memorandum: Productivity Growth and Sustained Economic Development*, The World Bank, Report No. 7629-CO, 25 de agosto de 1989.

BANCO MUNDIAL, *The East Asian Miracle, Economic Growth and Public Policy*, The World Bank, Policy Research Department, julio de 1993.

BANCO MUNDIAL, *Development in Practice: Sustaining Rapid Development in East Asia and the Pacific*, World Bank, 1995.

BANCO MUNDIAL, *Global Economic Prospects and the Developing Countries*, The International Bank for Reconstruction and Development/The World Bank, abril de 1994.

BANCO MUNDIAL, *World Development Report 1991: The Challenge of Development*, World Bank-Oxford University Press, 1991.

CHINA EXTERNAL TRADE DEVELOPMENT COUNCIL, *International Trade Promotion Program*, Taipei (Taiwán), International Economic Cooperation Development Fund, Ministry of Economic Affairs, 1993.

CHINA PRODUCTIVITY CENTER, *CPC Focus*, Taipei (Taiwán), China Productivity Center, CPC Newsletter No. 19, septiembre de 1991.

CHEN Ting-kuo, *The Effective Approach of Technology Cooperation with Foreign Firms*, Taipei, Metals Industry Research Laboratory, 1980.

CHOI Hyung Sup, *Technology Development in Developing Countries*, The Asian Productivity Organization, 1986.

COMISIÓN POR UNA NUEVA ASIA, *Towards a New Asia (Hacia una Nueva Asia)*, documento suscrito por la Comisión por una Nueva Asia, formada por 16 personas eminentes del A-P y coordinado por el doctor Noordin Sopiee (ex presidente de PECC), de Malasia.

COMITÉ DE POLÍTICA INDUSTRIAL Y DE COMERCIO EXTERIOR, *Programa de gobierno de Ernesto Samper. Estrategia industrial y de desarrollo exportador basado en la competitividad e internacionalización de la economía colombiana, 1994-1998*, Santafé de Bogotá, Presidencia de la República de Colombia, 1994.

CONSEJO DE COMPETITIVIDAD, *Misión-creación del Consejo de Competitividad. Informe de actividades y conclusiones preliminares. Fases 1 y 2*, Santafé de Bogotá, Presidencia de la República de Colombia, agosto de 1994.

DORE, R., *Taking Japan Seriously*, Londres, The Athlone Press, 1987.

DRUCKER, Peter F., *Las nuevas realidades*, Santafé de Bogotá, Grupo Editorial Norma, 1989.

DRUCKER, Peter F., *Gerencia para el futuro*, Santafé de Bogotá, Grupo Editorial Norma, 1993.

DUNNING, J., *Towards a Taxonomy of Technology Transfer and Possible Impacts on OECD Countries*, OECD, 1982.

ECONOMIC DEVELOPMENT BOARD, *Year Book 1990-91.*

ECONOMIC DEVELOPMENT BOARD, "Singapore Unlimited", *Yearbook 1992/1993.*

ECONOMIC PLANNING AGENCY, *New Long-Range Economic Plan of Japan (1961-1970) — Doubling National Income Plan*, Tokio, The Japan Times, Ltd., 1961.

ECONOMIC PLANNING AGENCY, *Basic Economic and Social Plan, 1973-1977*, Tokio, Economic Planning Agency, Government of Japan, febrero de 1973.

ECONOMIC PLANNING AGENCY, *New Economic and Social Seven-Year Plan*, Tokio, Economic Planning Agency, Government of Japan, agosto de 1979.

ECONOMIC PLANNING AGENCY, *Outlook and Guidelines for the Economy and Society in the 1980s*, Tokio, Economic Planning Agency, Government of Japan, agosto de 1983.

FAIRBANKS C., Michael, *Creating the Competitive Advantage of Colombia: Patterns of Competitiveness and Sector Analysis*, The Monitor Company, vol. 1, diciembre de 1993.

FONDO MONETARIO INTERNACIONAL, *Perspectivas de la economía mundial*, Washington, International Monetary Fund, Publication Services, octubre de 1994.

FUKUCHI, Takao y KAGAMI, *Mitsuhiro, Perspectives on the Pacific Basin Economy: a Comparison of Asia and Latin America*, Tokio, Institute of Developing Economies and the Asian Club Foundation, 1990.

HAYASHI, Takeshi, *The Japanese Experience in Technology*, Tokio, United Nations University Press, 1990.

HERRERA, Amílcar O., *Project on Technological Capacity and Prospect in the Third World: The Case of Latin America. Final Report*, Tokio, The United Nations University, 1990.

HSINCHU SCIENCE-BASED INDUSTRIAL PARK, *Science-based Industrial Park — 1990 Annual Report*, Seúl (Corea), Hsinchu Science-Based Industrial Park, 1990.

HUNTINGTON, Samuel, *The Third Wave*, University of Oklahoma Press, 1993.

INDUSTRIAL DEVELOPMENT AND INVESTMENT CENTER, *Taiwan, Republic of China, the Future Technology, Center of Asia*, Taipei, Industrial Development and Investment Center-Taipei, Taiwan, Republic of China, abril de 1989.

JAMES, Alt y ALEX, Chrystal, *Political Economics*, University of California Press, 1983.

JAPAN RESEARCH INSTITUTE, *Japan Research Quarterly*, vol. 3, núm. 3, Tokio, The Japan Research Institute, Limited, verano de 1994.

JAPAN RESEARCH INSTITUTE, *Japan Research Quarterly*, vol. 3, núm. 4, The Japan Research Institute, Limited, otoño de 1994.

KOREA INSTITUTE OF SCIENCE AND TECHNOLOGY, *Kist-Korea Institute of Science and Technology*, Korea Institute of Science and Technology, 1991.

KOREA TRADE PROMOTION CORPORATION, *How to Trade with Korea. A Guide to Trade & Investment*, Seúl (Corea), korea Trade Promotion Corporation, 1993-1994.

KRUGMAN, Paul, *Peddling Prosperity*, W. W. Norton and Company, 1994.

KRUGMAN, Paul, "Competitiveness: A Dangerous Obsession", *Foreign Affairs*, vol. 73, núm. 2, 1994.

KUNG Fu Tse, *Analects*. Citado en el libro de Inoue, *Confucious*, Tokio, 1992.

LI, K. T., *Economic Transformation of Taiwan* (ROC), Londres, Shepheard-Walwyn, 1988.

MCKINSEY GLOBAL INSTITUTE, *Latin American Productivity*, Washington, Mckinsey & Company, Inc., junio de 1994.

MAGEE, Stephen, "Multinational Corporations, the Industry Technology Cycle and Development", *Journal of World Trade Law*, julio-agosto de 1993.

MINISTERIO DE INDUSTRIA Y COMERCIO INTERNACIONAL DEL JAPÓN, *Japan's Industrial Structure —A Long Range Vision, 1975 Edition*, Tokio, Ministerio de Industria y Comercio Internacional del Japón, febrero de 1976.

MISIÓN CIENCIA, EDUCACIÓN Y DESARROLLO, *Colombia: al filo de la oportunidad. Informe conjunto*, Santafé de Bogotá, Presidencia de la República, Consejería para la Modernización del Estado, Colciencias, 1994.

MIZUNO, Hajime, "Japan's Foreign Direct Investment in Latin America: Comparison with US and European Investment", *Iberoamericana*, vol. XV, núm. 2, 1993.

MONDRAGÓN, Juan Carlos, *The Route to Knowledge Intensive Technology: The Case of Japan and Korea's Technological Development*, tesis de maestría, International University of Japan, 1990.

NADARAJAH, Danaraj, *Technology Transfer Experience of Malaysia: Acquiring Technology for an Industrial Paradigm Shift*, The United Nations University, 1993.

NAGAHORI, Hideo, *Tradescope-Technical Research Institute Develops Technologies for Smaller Firms*, Tokio, Japan External Trade Organization, vol. 14, núm. 8, agosto de 1994.

NATIONAL PRODUCTIVITY BOARD SINGAPORE, *Productivity 2000*, Singapur, National Productivity Board of Singapore, 1990.

NATIONAL PRODUCTIVITY BOARD SINGAPORE, *The First 10 Years of the Productivity Movement in Singapore*, Singapur, 1991.

OECD, "Technology and the Economy", documento-resumen, París, 1992.

OKIMOTO, Daniel, "Between MITI and the Market", Stanford University Press, 1989.

OTA-US. CONGRESS, OFFICE OF TECHNOLOGY ASSESSMENT, *Competing Economies-America, Europe, and the Pacific Rim*, Washington, U.S. Government Printing Office, OTA-ITE-498, 1991.

PATRICK, Hugh y MEISSNER, Larry, *Japan's High Technology Industries-Lessons and Limitations of Industrial Policy*, Tokio, The University of Washington Press & The University of Tokyo Press, 1986.

PORTER, Michael E., *The Competitive Advantage of Nations*, The Free Press, 1990.

PRESTOWITZ, THUROU, COHEN, SCHARPING, KRUGMAN, "The Fight Over Competitiveness", *Foreign Affairs*, vol. 73, núm. 4.

ROSENBERG Y FRISCHTAK, *International Transfer of Technology*, Praeger Special Studies, 1985, prefacio.

RAILWAY TECHNICAL RESEARCH INSTITUTE, *R.T.R.I.*, Tokio, Railway Technical Research Institute, 1993.

REVISTA ANDI, "Productividad y crecimiento económico", *Revista Andi*, vol. 129, julio-agosto de 1994.

SCHIVE, Chi, *An Evaluation in the Technology Acquisition in the Electronics Industry*, Taipei, Investment Commission, Ministry of Economic Affairs, septiembre de 1980.

SHINOHARA, Miyohei y LO Fu-chen, *Global Adjustment and the Future of Asian-Pacific Economy*, Tokio, Institute of Developing Economies and The Asian and Pacific Development Center, 1989.

SHULTZ, George, *Facing the Future*, discurso ante la Asociación de Economistas de Indonesia, Yakarta, 11 de julio de 1988.

SIMON, Denis Fred, *Taiwan's Strategy for Creating Competitive Advantage: The Role of the State in Managing Foreign Technology*, Oxford, 1980.

SUMMERS, Lawrence H. y THOMAS, Vinod, "Recent Lessons of Development", *The World Bank Research Observer*, vol. 8, núm. 2, julio de 1993.

TOFFLER, Alvin, Power Shift, Library of Congress Cataloging-in-Publication Data, noviembre de 1990.

UNIDAD DE MONITORÍA INDUSTRIAL, Monitor Industrial, Santafé de Bogotá, Ministerio de Desarrollo Económico de Colombia, boletín 4, julio de 1994.

WADE, Robert, *Resolving the State-Market Dilemma in East-Asia*, documento presentado en el seminario "Economic Reforms in Developing Countries: What Can They Learn from Japan", Tokio, Sophia University, enero de 1994.

WESLEY-TANASKOVIC, Ines; TOCATLIAN, Jacques y ROBERTS, Kenneth H., *Expanding Access to Science and Technology: The Role of Information Technologies*, The United Nations University, 1994.

YIP, George S., *Globalización*, Santafé de Bogotá, Grupo Editorial Norma, 1993.